わたしたち、体育会系LGBTQです

9人のアスリートが告白する
「恋」と「勝負」と「生きづらさ」

田澤健一郎・著
Tazawa Kenichiro
岡田桂・監修
Okada Kei

集英社インターナショナル

プロローグ

一八五人。

この数字は、新型コロナウイルス感染症の世界的流行で二〇二一年夏に延期開催された東京オリンピック二〇二〇にて、ＬＧＢＴＱであることを公表した選手の数字だ。大会に出場した選手の総数は、二〇六の国・地域と難民選手団を含めて過去最多の一万一四二〇人。一八五人というＬＧＢＴＱアスリートの数もまた過去最多である。さらに、女性アスリートの割合も過去最高を記録した。まさに、「ジェンダー平等／多様性と調和」というスローガンにふさわしい大会になったかに思える。

このようにＬＧＢＴＱアスリートのカミングアウトは増加傾向にあり、その活躍もめざましい。

二〇一三年にゲイであることを公表したイギリスの水泳男子飛び込みペアのトム・デイリーは、東京オリンピック二〇二〇で金メダリストとなった。また、二〇一二年のロンドンオリンピック前にレズビアンであることを明かしたアメリカ代表の女子サッカー選手、ミーガン・ラピノーは二〇一九年、ＦＩＦＡ女子最優秀選手に選出。こうした活躍に加えて女子選手の待遇改善などに貢献したことが評価され、二〇二二年に母国の大統領自由勲章が授与されている。

本書刊行直後の二〇二四年七月二六日より、パリオリンピック・パラリンピックが開催される。ＬＧＢＴＱ選手の数は、前回大会をまた更新するのだろうか。

もはや、アスリートにとって性的マイノリティであることは何も問題ない時代となった……と言えればよいのだが、まだそうとは言いきれない現実がある。

東京オリンピック二〇二〇に出場した日本人に、ＬＧＢＴＱであることを公表している選手は皆無だった。先のスローガンを掲げた大会のホスト国として、この状況は寂しい。

オリンピックを抜きにしても、日本のスポーツ界全体でカミングアウトしているアスリートは数少ない。その理由は、どこにあるのか――。

スポーツの世界を離れてみれば、日本社会でもＬＧＢＴＱへの理解が進んでいることは間違いないだろう。事実、国として性的マイノリティに対する国民の理解を推進することが法律で定められている。二〇二三年に施行された「性的指向及びジェンダーアイデンティティの多様性に関する国民の理解の増進に関する法律」だ。通称では**ＬＧＢＴ理解増進法**、**ＬＧＢＴ法**などと呼ばれる。

この法律名にある**性的指向**（Sexual Orientation）とは、「恋愛感情や性的な興味・欲求がどの性別に向いているか」という〝性のあり方〟を示す要素である。恋愛や性的欲求の対象が同性の人は**ホモセクシュアル**（Homosexual／同性愛者）、異性の人は**ヘテロセクシュアル**（Heterosexual／異性愛者）という。

続いて**ジェンダーアイデンティティ**（Gender Identity）は、また別の性のあり方を表す要素だが、そもそも**ジェンダー**（Gender）とは何か。

生物学的な性差——出生時に割り当てられた男性／女性という性別を**セックス**（Sex）と呼ぶのに対して、社会的・文化的な性差を意味するのがジェンダーである。「男子はズボン、女子はスカートをはく」「男は外で仕事をして、女は家事と育児に励む」といったように、社会や文化のなかでつくり上げられた〝男らしさ〟〝女らしさ〟を**ジェンダー規範**（Gender Norms）、これに基づいて性別で期待される役割を**ジェンダー役割**（Gender Role）と呼ぶ。ただし現代の日本を含む国際社会では、旧来的なジェンダーの規範や役割に縛られない**ジェンダー平等**が提唱されている。

そしてジェンダーアイデンティティとは、自分が認識している性別——社会のなかで自分が生きていきたいと実感している性別のこと。日本語では**性自認**、**性同一性**と言い表される。これがセックスと一致する人を**シスジェンダー**（Cisgender）という。

さらに、服装、髪型、言葉遣い、しぐさなどで自分の性別をどう表すかを示す**性表現**（Gender Expression）という言葉もある。このほか先述のセックス、性的指向、ジェンダーアイデンティティをはじめ、人間の性のあり方を示すさまざまな要素があり、それらにおいて少数派とされる人々は**性的マイノリティ**（少数者）と呼ばれる。そのなかで、次に当たる人々の頭文字をとった言葉が**LGBTQ**だ。

レズビアン（Lesbian）はホモセクシュアルの女性、**ゲイ**（Gay）はホモセクシュアルの男性である。

バイセクシュアル（Bisexual）は両性愛者――恋愛や性的欲求の対象が男性と女性の両方という人々を意味する。

トランスジェンダー（Transgender）は、ジェンダーアイデンティティと出生時に割り当てられたセックス（性別）が一致しない人々のこと。このうち、セックスが男性、ジェンダーアイデンティティが女性の場合は**MtF**（Male to Female）、逆の場合は**FtM**（Female to Male）という。

そしてQには、**クィア**（Queer）と**クエスチョニング**（Questioning）という二つの意味がある。

まず前者は、性的マイノリティの総称である。性的マイノリティには、ここまで説明したレズビアン、ゲイ、バイセクシュアル、トランスジェンダーには当てはまらない人たちがいる。たとえば、同性・異性を問わず他者に性的な興味を抱かないという**アセクシュアル**（asexual）、ジェンダーアイデンティティが男性／女性のどちらでもない**ノンバイナリー**（Non-binary）などがそうだ。他にもさまざまな性的マイノリティが存在し、そうした人々を包括してクィアと呼ぶ。一方、後者のクエスチョニングとは、自分の性のあり方がわからない、決められない人々を意味する言葉である。

以上のとおり、ＬＧＢＴＱは多様な性的マイノリティを表しているが、その多様さをより強調するために**LGBTQ+**という言い方がなされることもある。

これらのワードは、性的マイノリティの存在や権利の尊重を訴えるために用いられることが多かった。ただし、いずれにせよ性的マイノリティ〝だけ〟を指す言葉であることには変わりない。よって、強く唱えられれば唱えられるほど、そこに該当しない性的マジョリティ（多数者）は性的マイノリティをめぐる問題を〝他人事〟ととらえてしまいがちだ。そこで近年、よく使われるようになっているのが**SOGI**《ソジ》である。

ＳＯＧＩは、英語の性的指向とジェンダーアイデンティティの頭文字をつなぎ合わせた言葉。誰もがもち、多種多様な組み合わせのバリエーションがあり得るその二つの要素でもって、あらゆる性のあり方を表現しようとする考え方のことだ。このワードを用いれば、性的マジョリティもマイノリティもジェンダーの問題を〝自分事〟としてとらえることが可能になる。

性的指向とジェンダーアイデンティティに関連したハラスメントを意味する**SOGIハラ**という言葉もある。「オカマ」「ホモ」「レズ」といった差別用語を使うことは、もちろんこれに該当する。あるいは、「彼氏、いるの？」と女性に尋ねること。「あの人は男？　女？」と本人がいないところで勝手に噂すること。「男子がスカートをはくのは気持ち悪い」「女なんだから化粧しなさい」「男ならメソメソ、ナヨナヨするな」とジェンダー規範／役割を押し付けること。これらもＳＯＧＩハラにあたり得るのだ。

……と、本書を読み進めるうえで役に立ちそうな〝基礎知識〟を整理してきたが、少し前までの私は性的マイノリティやジェンダーの問題に決して明るいわけではなかった。それどころか、これまでＳＯＧＩハラが当たり前にある環境で生きてきたのかもしれない。

私は、野球を中心とするスポーツの現場を取材してきた編集者・ライターである。自分自身も少年時代から野球を始め、強豪と呼ばれる高校の野球部でプレーし、甲子園大会への出場とプロ野球に入ることを目指した。世間で言うところの〝体育会〟育ちである。

約三〇年前に在籍した野球部は、まさに〝男らしさ〟が常に求められる世界だったといえる。厳しい練習や理不尽な上下関係にへこたれそうになれば、「根性を見せろ！　それでも男か！」と監督や先輩に叱咤激励された。実力が足りずベンチ入りが絶望的になり、野球部をやめようという考えがよぎったときは、「男らしく我慢しろよ」と同期の部員たちから諭された。試合での活躍と甘いルックスで女子たちからモテた先輩は、いつも部室で直近のセックス体験と更新された経験人数を誇らしげに語り、童貞を卒業できない後輩をいじっていた。

当時の感覚では、それは特別なことではなかった。血気盛んな運動部の男子が集まれば、全国いたるところで見られた光景だろう。

あれから長い時間が経《た》った。取材の現場では、指導者が昭和的な根性論を振りかざしたり、後輩が先輩から怒号や罵声を浴びせられながらシゴキを受けたりするシーンはずいぶん減っている。それでも、「忍耐こそが男の修行」といった言葉が仰々しくプリントされたTシャツを、チームの男子選手たちがそろって身につけながら、次の試合に向けて必死に練習しているようなことはしばしばある。

そうした状況を日常的に目の当たりにしてきたわけだが、やがてＬＧＢＴＱという言葉が社会で広まるのにしたがって、私も性的マイノリティやジェンダーの問題に少しずつ興味を抱くようになっていった。そこで、ふと思った。日本のスポーツ界にもＬＧＢＴＱは存在するのか。存在するのなら、そうしたアスリートにとって体育会の〝男らしさ〟がストレスになりはしないのか。そういえば、カミングアウトをしている有名な日本人アスリートの数はごく限られているけれど、その事実と、各競技において変わらず「忍耐力がある＝男らしい」といわれていることとは、何か関係があるのだろうか——と。

本書は、そんな素朴な疑問から出発してつくられた。ここから始まるのは、ＬＧＢＴＱアスリート九人の〝真実のストーリー〟である。それぞれ、どのように〝性〟と向き合い、誰と恋愛をし、いかにしてスポーツの勝負に挑んできたのか、自ら語っている。これまで世の中にほとんど届くことのなかった声——スポーツ界における性的マイノリティたちの体験談や本音に、ぜひ耳をすませてほしい。それらと対峙《たいじ》したとき、マジョリティにとっても〝他人事〟ではない日本の現実がきっと浮かび上がってくるはずだ。

もくじ

装丁　北野亜弓（calamar）
装画・挿画　ＺＵＣＫ

わたしたち、体育会系ＬＧＢＴＱです

９人のアスリートが告白する
「恋」と「勝負」と「生きづらさ」

本書は実話をもとにしていますが、登場人物は第9話を除いて仮名であり、プライバシー保護のため一部脚色しています。また、各人物の年齢・状況・考えは初出の取材時のものであり、現在とは異なる場合があります。

第1話

「かなわぬ恋」を駆け抜けて

（また始まった）

「で、結局ヤったの？」

「いえ、いや、あの、無理っす」

「ダサ！　それでも男かよ」

ガハハ、と部室に下品な笑いが広がる。

（で、くるんだろうな）

「オレならとっくに押し倒しちゃってるぜ。タケシもだろ？」

（ああ、めんど）

「いや、オレはショウと違ってスマートだから」

「さすがイケメン殿は違いますなあ」

ガハハ、と再びの笑い。

（いったい何が面白いんだか）

「とにかく、おめーら一年はすべてがダサすぎ。女かっつーの」

（速いわけでもないのに、どうでもいいことで後輩に説教しているお前が一番ダサいがな）

タケシの目にショウの背中が映る。ショウが着ている練習用Tシャツの背中には、筆で荒々しく書かれたような書体でゴールドに光る言葉がプリントされている。

〈苦しい修行　耐えて進めよ　男なら〉

〈修行に男も女も関係ねーだろ〉

タケシは「やれやれ」と着替えを終えて部室を後にした。

世界を目指すスプリンター

遠くにそびえる山々が美しく見える陸上競技場。

フィールドにはアルファベットで大きく私立大学の名前が描かれている。トラックは土ではなく、ポリウレタンを使った全天候型。それだけで、この大学がスポーツに力を入れていることがうかがえる。

練習中の選手たちのなかから何人かがトラックに設けられたスタートラインにつき、クラウチングの姿勢から、スタートの合図とともに飛び出す。すぐに集団から抜け出したのは体の大きなスプリンター。後続を引き離し、あっという間に一〇〇メートルを駆け抜けてゴール。彼は心地よさそうな表情でタイムを確認していた。

「将来的には世界陸上やオリンピックに出てみたいですけど、うーん、どうかなぁ？　とりあえずは大学トップクラスを目指してはいますが」

スプリンターとしての将来像をそう語るのは一九歳の永田豪士《たけし》。ここ数年でスポーツ強化に取り組み始めた東京の私大の陸上部に所属している。もうすぐ二年生という彼は一八〇センチを超える長身だが、陸上選手と聞いて想像する細身の体ではない。上半身、下半身ともに、強靱《きょうじん》な筋肉をまとっていることが洋服越しにもわかる。

「いや、フィジカルはまだまだですよ。高校時代の体のままここまで来ちゃったというか。もう少し体重を増やし、ウエイトトレーニングもして、自分の〝エンジン〟をもっと大きくしたい」

近年の世界陸上やオリンピックを見ればわかるように、海外の短距離の選手たちの多くは屈強な体つきをしている。今の時代、短距離に関しては日本人選手もフィジカルを鍛え上げ、パワーを身につけなければ世界とは戦えないのだ。まだ一〇代ながら大型でパワフルさを感じさせる豪士は、そんな時代を反映する新しい世代のスプリンターに見える。

まさに将来を嘱望《しょくぼう》されたアスリート。

ただ、豪士には陸上部の仲間にも、家族にも話したことがない秘密があった。

彼はゲイなのだ。

とにかく女子にモテた

「なんとなく気づき始めたのは小学校四年生くらい。男同士のふざけ合いがエスカレートして、チンチンをしゃぶり合う遊びをしたんですよ。自分はそれが悪い気がしなかった」

友人たちの「うえー！」「キモい！」といった反応とは異なる感覚を持っている自分。

「それをなんとなく心の中でズルズルと引きずったまま中学生になって。二年生のとき、学校で性的マイノリティを取り上げる授業があったんです。そこで知識を得て『自分は同性愛者なんだ』とハッキリと自覚しました」

ただし、「厳密にはゲイではなくバイセクシュアルかもしれないんですけど」と豪士は言う。

「中学や高校では、彼女も普通につくって……というか、むしろ何人も付き合いました」

背が高く、端整な顔立ちで、スポーツが得意。一〇代であれば、それだけでモテる要素だ。容姿もアスリートっぽい精悍《せいかん》な顔つきと体つき。そんなルックスとは対照的に、インタビュー中の話しぶりからスレた印象は受けない。気の利《き》いたことをサラッと言えるタイプではなく、質問に対してなかなか答えが出てこない時間もあった。そんなギャップも魅力になったのか、小学生時代からとにかくモテた。聞けば、初めて彼女ができたのも小学四年だという。

「早いと言われますが、付き合うといっても遊び。彼氏彼女ごっこ、ですよ。相手から告白されて『まあ、いいか』みたいな」

そんな事情だから、終わりもあっという間に訪れた。豪士はバイセクシュアルというよりも、モテるがゆえに、成り行きに任せて女子とも付き合ってきた、ということなのかもしれない。ただ、自分がゲイだと気づき始めた頃と時期がリンクするのは偶然だろうか。

「今思えば、女の子と付き合っていたのは、自分のなかで若干カモフラージュしている気持ちがあったのかもしれません。自覚はしたけど、最初は認めたくない、という気持ちも強かったので。〝普通とは違う自分〟を受け入れたくなかった」

豪士の故郷は東日本にある地方都市。実家は町場《まちば》にあったが、それでも田舎《いなか》特有の閉鎖的なコミュニティは存在した。〝異端者〟〝よそ者〟への目は厳しく、偏見も激しい。ましてや、日本のスポーツ界・体育会は変化してきているとはいえ、マチズモ（男性優位主義）的価値観を引きずっている世界。芸能界などに比べると、まだまだLGBTQにとって生きづらいコミュニティである。

「もし田舎でカミングアウトしたら、正直、怖いというレベルではないです。いじめに発展しても何もおかしくはない。自殺するのと同じです」

「田舎の有名人」のリスク

ここまで豪士がカミングアウトを恐れるのは、自身が故郷で顔を知られる存在になったことを実感していたからでもある。スプリンターとして才能が開花し始めていたのだ。

「陸上を始めたのも小学四年。足が速かったので学校のクラブの先生に誘われました。最初は嫌々で、なんとなく続けていただけだったんですが、六年生のときに一〇〇メートル走で親友に負けたんです。それをきっかけに本気になりました。単純に悔しかったんですよ」

競技を問わず、負けず嫌いはアスリートに欠かせない要素だ。そして、一流の選手は競技人生のなかで、必ずターニングポイントになる、つまり成長のきっかけになる負けを経験しているものである。豪士のそれは、この敗戦だった。

中学でも迷わず陸上部に入り、必死に練習した。すると、体の成長も相まって記録が一気に伸びる。親友に勝つどころか、中学三年で一〇〇メートル県王者に輝くまでになった。練習をすればするほど速く走れるようになるのが楽しく、爽快で、自信にもなった。すると複数の陸上強豪校から勧誘の声がかかり、そのなかから選んだ地元の高校にスポーツ推薦で進学。高校でも順調に結果を出し、全国大会にも出場する。気がつけば、地元の高校生の間では、ちょっとした有名人になっていた。

「高校時代、街で買い物をしている写真がツイッター（現・X）にアップされていたんです。後ろから誰かに撮られていたみたいで」

陸上で活躍していたとはいえ、自分がそんな存在になっていたとは思わなかった。

「マズい、これは目立つことはしないほうがいいな、と思いましたね。もし男の子と仲良くデートっぽい雰囲気で歩いていたりしたら確実に撮られる、とも」

このエピソードからもうかがえるが、豪士は周囲の状況を客観的に見て物事を判断できる〝賢さ〟や〝理性〟を持っている。不用意なＳＮＳへの投稿で炎上する若いアスリートとは異なるタイプだ。実際、大学進学に際しても優先したのは学業。陸上では新興の大学を選んだのは、その結果である。だから、ゲイだからこそ感じる、体育会特有のマッチョな世界とも、うまく折り合いをつけることができた。

「体育会男子的なカルチャーはありましたが、そこに交じっていることに対しての嫌悪感はそれほどありませんでした。一致団結して目標に突き進むことや、明るいノリ自体は嫌いではなかったので。もちろん、ゲイであることは隠していたので、恋愛話なんかは、みんなが女の子のことを話しているのを、自分は男に置き換えて話を合わせてはいましたけど。作り話もよくしましたね」

それでも記録が伸びず、本人いわく「ウジウジと」悩んでいたとき、父親に「男らしくしろよ!」と言われ、「男らしいってなんだよ!」と反発した。知らず知らずのうちに、心のなかに違和感が湧いていたのかもしれない。ひとりになってゲイである自分について考え始めると、軽く流すことができず、つい深く悩みがちだった。このように高校時代は性に関して常にモヤモヤしていたという。

「『オレ、この先どうなるのかな、普通に家庭とか持てるのかな』とか、たまに考えたりして。だから、彼氏をつくりたいなんて本気で思うこともなかった。その頃にはゲイのマッチングアプリがあるのも知ってはいましたが、使わないと決めていました。

どっちにしろ、田舎にいるうちはゲイであることをオープンにするのは怖かったし」

相変わらず女性からはモテた。付き合った彼女もいた。セックスもできた。だが結局、本気にはなれない。女性とも男性とも性行為をしたという点で豪士はバイセクシュアルといえるが、あくまでも心の内にいるのはゲイである自分。一方で、田舎の閉鎖性や将来への不安を感じると、ゲイとして生きていくことに振り切れない自分もいる。もしかしたら、豪士がバイセクシュアルだと自称するのは、この葛藤や揺らぎが背景にあるのではないだろうか。

「彼女と過ごす時間も、結局、代償行動みたいな感覚しかなくて……会うのも週に一、二回で十分。シーズン中で重要な大会前は練習に集中したいから、会うこともしませんでした」

陸上で走る楽しさと喜びに目覚めていた豪士。ストイックに陸上へと取り組むこともまた、代償行動のひとつだったのかもしれない、と話す。ただ、それも間違いではないのだろうが、豪士が陸上に打ち込めたのは、もうひとつ別の理由もあった。恋をしたのだ。

陸上部監督への恋心

「好みのタイプですか？　女の子と付き合うなら同世代がいいんですけど、男は年上が好みなんです。見た目はハンマー投げの室伏広治《むろふしこうじ》さんやＫＩＮＧ《キング》 ＧＮＵ《ヌー》の常田大《だい》希《き》さんがタイプ。でも、外見はそのとき次第。それよりも大切なのは内面で、一本、芯が通っている人が好きです」

その好みにバッチリとハマったのが、高校の陸上部の監督だった。

「先生は四〇代の既婚男性。普通に考えれば、絶対にかなうはずのない恋なんですけどね」

監督はいわゆる〝熱血指導者〟だった。生徒でもある選手たちのことを心から気にかけ、選手一人ひとりの人間性と能力を育もうと、日夜、指導に邁進《まいしん》していた。当然ながら、才能に恵まれた豪士のことも熱心に指導してくれた。〝田舎にいる足の速い子〟だった豪士を、全国、そして世界の舞台にステップアップさせようと、本気で向き合ってくれた。その姿勢に惹《ひ》かれた。

「先生のこと、カッコいいと思いました。でも、付き合いたいとか肉体関係を持ちたいという感じではなくて、自分が一方的に想いを寄せていただけ。先生が僕に対して

『こうなってほしい』と考えている理想の選手になりたかった。上のレベルに到達して先生に認められたい。でも、あれって今思い返すと、ひとつの恋愛だったと思うんです」

アスリートにとって指導者の存在は大きい。指導者次第で選手やチームが驚くほど変わるのは、ちょっとスポーツに詳しい人であれば誰もが認めることだろう。だからこそ、それが時には問題にもなる。選手が依存しすぎたり、指導者が選手を一種の洗脳状態にしてしまったり。

ある有名な女性アスリートの指導者は、好選手が育つ秘訣《ひけつ》を「疑似恋愛の関係にすることが重要」と話すこともあった。「監督のために」という気持ちを、競技や練習への強いモチベーションにつなげるというわけだ。スポーツ界のセクハラ・パワハラ問題には、こうした関係性による指導のいきすぎ、ボタンの掛け違いが背景というケースもある。そこまで極端な状態は稀《まれ》だが、「監督に惚《ほ》れた。この人のために優勝したいと思った」といったコメントは、スポーツ界ではそれほど珍しいものではない。かつて有森裕子《ありもりゆうこ》や高橋尚子《たかはしなおこ》など数々の名女性ランナーを育成した名将、故・小出義雄《こいでよしお》は、「恋愛のコツと指導のコツは似ている」といった内容を著書『愛のコムスメ操縦術　彼女たちをやる気にさせる方法』（集英社、二〇〇九年）に記したこともあった。豪士を指導した監督も、その意味では、きっと優れた指導者だったのだろう。実際、豪士はその指導を受けたからこそ、今もトップを目指すアスリートとして活躍しているのだから。

「先生とは今もＬＩＮＥでやりとりはしています。もちろん、自分の気持ちに気づかれてはいないですよ。同級生にもまったく気づかれていなかったと思います。バレないように、慎重に隠していましたから」

優れた指導者は選手をよく観察しているものであり、勘もいい。選手のちょっとした変化やメンタルの好不調を察知するのも早い。豪士はそう思っていても、監督は彼が自分に特別な感情を抱いていることくらいは気づいていたかもしれない。ただ、まさか本気の恋愛感情だとは思っていなかっただろうが。

「恋愛だったとは思いますけど、当時はそこまでの自覚があったかなぁ……難しいなぁ……。ただ、自分にとって監督が特別な存在であったことは確か。そうだったと信じたい……うーん、やっぱり、自分のなかでは恋愛対象だったんでしょうね」

自問自答するように豪士は当時を振り返る。

高校を卒業して間もなく、豪士は上京する新幹線の中でひとり、こっそりと泣いた。

「先生との別れがつらくて、早く忘れてしまいたい、と思っていたら涙が出てきて」

相手が男でも女でも、片想いのせつなさは同じだ。

「当時は先生が大好きだったのに、先生には自分の気持ちに気づいてほしくなかったんですよ。気づかれる、自分の想いを知られることで、今の先生との関係、状況が壊れてしまうことが怖かった。今の状況だけでも僕は十分幸せなのに、これ以上、先生に何かを望んではいけない、と」

課せられた高いハードル

本書を監修した岡田桂によれば[*1]、近代スポーツの発祥は一九世紀イギリスのパブリックスクールにあるとされる。パブリックスクールとは、上流階級の子弟たちが通う全寮制の私立男子校だ。もともとパブリックスクールでは、課外活動や伝統行事として運動競技が用いられていた。学生たちの規律の乱れによる荒廃が問題視された際、それが改革手段のひとつになったのだ。将来への目標や責任感の希薄な上流階級の息子たちに、目的意識や自制心、道徳観の獲得を促し、支配階層としてのリーダーシップやチームワークを身につけさせる手段として、スポーツが重要視されるようになったのである。

パブリックスクールが男子校であることからもわかるように、当時のイギリスの伝統的な階級社会でエリートといえば男性であった。その男性の教育手段となったスポーツを通じて、やがてスポーツマンシップなど多様な精神的素養、模範的行為が育まれていく。そのなかのひとつとして〝男らしさ〟も欠かせない条件とされていった。ただし、〝男らしさ〟という価値観と結びついたスポーツは、やがて世界に広まっていく。だし、強固な階級社会を伝統とするイギリスにおいて、スポーツが大衆にまで普及するのに時間がかかった。同国ではスポーツがエリート教育として発展してきたという背景があるからだ。では、スポーツを現代のように大衆に爆発的に普及させたのはどこかといわれれば、それはアメリカである。

イギリスではあくまでエリートの教育手段であるがゆえにアマチュアの活動にとどまっていたスポーツを、アメリカは商業として発展させることで大衆文化に変え、巨大な市場を築いた。それは〝スポーツ＝男らしさの象徴〟という価値観を広めることにもなる。選手たちのたくましい肉体は、男性性の新たなシンボルとなり、アメリカでは大衆全般に受け入れられた。こうしてスポーツが男らしさと結びつき、国民的な文化となっていった。ボディビルの登場は、その典型例である。それは現在に続く身体的にマッチョな男らしさ、すなわち視覚的な男らしさの理想像がメディアを通じて世界に発信され、現代の男性性をめぐる価値観に大きな影響を与えることになった。見方を変えれば、男性アスリートには男性の理想を体現することが求められた。その結果、世間の脚光を浴び、プロアスリートとして高収入を得る存在になってきた側面がある。そうしたイメージの男性アスリートがゲイであるとカミングアウトすることは、ある意味、性的マイノリティの女性アスリートがカミングアウトするよりも高いハードルが課せられているともいえる。

「気持ち悪い」と母は言った

世界を意識するトップアスリート候補で、閉鎖的な地方在住者だった豪士。多くのゲイのアスリート同様、彼もゲイであることを誰にも打ち明けられなかった。〝かなわぬ恋〟にも自分なりに区切りをつけ、豪士は東京で新たな暮らしを始めた。スプリンターとしてさらなる成長を目指す一方、人目が気になる田舎と違い、ゲイとしての自分を素直に出せる世界もあるはず。そんな期待にも胸を膨らませた。故郷では自重していたゲイ用マッチングアプリの使用も解禁した。

「でも、アプリで出会った人と付き合うのって、本当に恋愛なのかな、という疑問もあったんですよね。なんか中身も知らない人と会って、普通に会話して、その日のうちに『ヤろうよ！』なんてノリに違和感があって。そういうメチャクチャ早い人、けっこういるんですよ」

アプリ以外で、体目的だけではない関係から始めて、自分が心を許せる相手に会いたい。そして豪士は、ついに運命の出会いを経験する。

「アプリで知り合った人のつながりで、すごく魅力のある人に出会ったんです。四〇代で、しっかりと仕事もしていて、芯のある人。体から入るのではなく、二人でしっかりと話をして、信頼できる人だと思って、付き合い始めました。そういったプロセスを経ているから、過去の女性との付き合いとは気持ちが違う。『男が好きな自分のままでいいんだ』という安堵《あんど》感があって、とにかくホッとできます」

先生のことは、今ではいい思い出になりつつある。ただ、それでも悩みは尽きず、将来まで安心しきっているわけではない。

「満たされてはいるんですが、逆にちょっとストイックさが薄れたかな、と思うこともあって。高校時代はかなわない気持ちを競技にぶつけ、死に物狂いで練習して、先生が理想とする選手になろうとしました。今はもうそんな気持ちにはなれないのかな、って。陸上を愛していないわけではないんですよ。今の僕をつくってくれた大切なものですからね。パートナーも次の日が練習であれば、遊んでいても早めにお開きにしてくれたりと、アスリートである自分を理解して応援してくれています。そんな彼のためにも頑張りたいとは思っているんですけどね」

今は選手として、いけるところまでいくつもりだ。だが、やりきって、それでも限界を感じたら、スパッと競技をやめる覚悟もできている。

「そうなったとき、どうすればいいか、つい考えちゃうんですよ。このままこっち（ゲイ）路線でいくのか、自分にウソをついて、女性と結婚して、普通の幸せな家庭を築いて人生を終えるのか。正直、今はハッキリと決められないです」

まだ一九歳。上京して一年も経《た》っていない。故郷で感じていた〝周囲の目〟の恐怖が、まだ心にまとわりついている、偽らざる本音だろう。

「実家にいたとき、ゲイのタレントがテレビに出ていて、母に冗談で『こういう人、どう思う?』って聞いたことがあったんです。そしたら『えー、やっぱり気持ち悪い』って。そしたら、僕がゲイであることに気づいたわけではないんでしょうが、『（あんたは）違うよね?』と言われて。ああ、これはもう自分がゲイであるという事実は墓場まで持っていかないといけないな、と思ってしまった。軽いひと言のほうがグサッと刺さるんですよ」

いつも自分を応援してくれる存在だった母だけに、「気持ち悪い」という言葉がつらかった。

「まあ、それが当然の反応であることくらい、わかっていますけどね」

わかってはいても、現実は厳しい。それはLGBTQについての理解が日本よりも進んでいる欧米も、かつて歩んできた道だ。

スポーツの道を閉ざされる絶望

たとえばアメリカでは、アメリカンフットボールのプロリーグであるNFLの名選手だったデイヴィッド・コーペイが、引退後の一九七五年、ゲイであることをカミングアウトした。まだアメリカでもLGBTQへの理解が今ほど広まっていない時代。筋骨隆々のNFL選手は〝男の中の男〟であらねばならない存在だった。それだけにコーペイの告白に社会は驚き、反発した。一九七七年に出版した自伝『The David Kopay Story』はベストセラーになったが、コーペイはコーチなどアメフトにかかわる職業に就くことはできず、不遇の時代が長く続いた。後に、その原因がスポーツ界におけるゲイへの偏見だったとインタビューで語っている。

今の〝スポーツ〟と〝アスリート〟という概念が生まれたイギリスでは、さらに悲劇的な事例もある。現役のプロサッカー選手として初めてゲイであることをカミングアウトしたジャスティン・ファシャニューのケースだ。

一九六一年生まれのファシャニューはノリッジ・シティFCと一七歳でプロ契約を交わした後、ノッティンガム・フォレストなどで活躍。イギリスで初めて一〇〇万ポンドの契約金を得た黒人サッカー選手である。その輝かしいキャリアのまっただ中にあった一九九〇年一〇月、同国の大衆紙「The Sun」の紙上でゲイであることをカミングアウトし、サッカー界のみならず社会全体に衝撃を与えた。

その後、ファシャニューはイギリス国内でプロ選手として活躍する道を徐々に閉ざされていく。三〇歳直前とキャリア後半に差し掛かった時期であったとはいえ、彼ほど実績のある選手なら活躍の機会はあったはずだ。プレイヤー人生の前半とはあまりにも対照的な扱いである。

イギリスのプロサッカーは労働者階級の文化として発展してきた側面がある。選手はアメリカにおけるNFL選手同様、〝男の中の男〟を象徴する存在。ファシャニューの性のあり方は、当時のサッカーファンにとって、受け入れがたいものであった。カミングアウトが一種のスキャンダルとして報じられ、選手として活躍する道を閉ざされたファシャニューは、プレーや指導の場をサッカー界ではマイナーなカナダやアメリカのリーグに求めざるを得ない状況に追い込まれる。その後、ファシャニューは一九九八年にロンドンで自死しているところを発見された。

自死の一因とされたのは、アメリカで未成年の男性と同意なく性交渉をしたという嫌疑を掛けられたことだった。ただ、本人は遺書でそれを否定している。遺書には、自身が同性愛者であることを理由に、中立的な調査や裁判が受けられないと悲観するとともに、これ以上、家族や友人に迷惑をかけたくない、という主旨の言葉も記されていた。以降、イギリスのサッカー界における現役プロサッカー選手のカミングアウトは、二〇二二年のジェイク・ダニエルズ（ブラックプールFC）のケースまで待たなければならなかった。[*2]

パートナーとの出会い、解けない呪縛

ただ、世界を見渡せば、性的マイノリティであることを告白しながら活躍しているトップアスリートは多数存在する時代となった。それらの選手は競技の結果において、LGBTQであるか否かは関係ないことを証明する。豪士に「アスリートとして、そ

んな存在になりたいか」と聞いてみた。

「うーん、どうですかね……。ゲイだと言ってしまったら元の生活に戻れない、今までよい関係を築いてきた人たちの見方が変わる恐怖は正直まだあります。家族だけならまだしも……。ゲイをカモフラージュして暮らすことに苦しさはありますが、その恐怖に比べれば……。もちろん根本的に世間の常識が変わってほしいのは確かです。外で男女のカップルが手をつないで歩くのはなんでもないことなのに、男同士が手をつないで歩いているとヘンな目で見られる。自分たちは当たり前のことをしているだけで、相手にも害を与えていないのに。それ自体は間違っていると思う」

ゲイである豪士には、LGBTQも含めた現代的な性の価値観が、知識として身についているのは確かだ。だが、一方でいまだマチズモ的価値観が根強い日本の体育会の世界で競争を勝ち抜いてきたこと、すなわち順応してきたことが、皮肉にも彼の性の自覚、確立、解放を阻《はば》んでいるようにも思える。前時代的なコミュニティで、ゲイであることを隠し続けてきた彼は、まだ完全にその呪縛《じゅばく》から解放されていない。

だが、それも当然だろう。繰り返すが、豪士は閉鎖的な田舎から上京してまだ一年も経っていない一九歳なのだ。初めてゲイである自分を受け入れてくれたパートナーに出会ってまだ半年そこそこ。彼が性のあり方も含めて自分を確立する〝本当の大人〟になるのは、これからなのだろう。

「ゲイである自分たちの話を、こんなに偏見なく聞いてくれるストレート（出生時の性別と性自認が一致するシスジェンダーで、恋愛や性的欲求の対象が異性というヘテロセクシュアル）の人もいるんですね」

別れ際、豪士はそう言った。

驚いた。

かつてと比べたら、今やゲイの世界に触れるハードルもずいぶん低くなった。東京で暮らしていれば、「二丁目で遊んできた」の「二丁目」はゲイバーひしめく新宿二丁目を表すことが高い確率で通じ、そこにゲイ以外の人間が飲みに行くことが特別視されることもない。周囲にＬＧＢＴＱの知人・友人がいるという人も珍しくはないだろう。彼らの事情を聞くことなど、もはや、そんな特別なことではないと決めつけていた。

だが、それは東京など大都市に限った話なのかもしれない。

地方の街では、いまだ旧来の価値観が幅を利かせること、体育会という世界が性的マイノリティに対してまだまだ排他的であることを、豪士の言葉は教えてくれる。

「二丁目はちゃんと行ったことがないんです。ちょっと歩いてみたくらいで。嫌というわけではないんですが、まだちょっと怖いというか……自分にとってはオープンすぎるんですよ。ゲイ同士、一対一で向き合うのはいいんですが、大人数が苦手。ゲイである自分が、フルオープンで大勢から見られるのが怖いんです」

初々《ういうい》しさを感じさせるが、ビクビクしているだけではない。豪士は豪士のペースで、少しずつ、新しい世界に足を踏み入れている。

「パートナーは実家暮らし。ゲイであることもカミングアウトしていて、家族もそれを受け入れている。だから、家に遊びに行ったこともあるんですよ。そしたら、本当にオープンな家庭で。カルチャーショックでしたね。堂々としているのもいいな、と思いました」

人知れず葛藤と闘い続け、やっと心から安らぎを得られつつある若きアスリート。豪士の人生は、これからが本番だ。

＊1　岡田桂「男性ジェンダーとスポーツ」（『スポーツとＬＧＢＴＱ＋』岡田桂・山口理恵子・稲葉佳奈子著、晃洋書房、二〇二二年）
＊2　岡田桂「ゲイ男性とスポーツ」（同前）

第2話

ワン・フォー・オールの鎖

（今度こそ、大丈夫だろ）

部室にはない類いのファンシーな雑貨や小物、そして匂い。

（オレは今、女子の部屋にいるんだなあ）

マコトは妙に冷静になっている自分に気づき、嫌な気分になった。

「ねえ……」

愛嬌《あいきょう》の源《みなもと》であるちょっと垂れた瞳を閉じたミユの顔が迫る。

マコトは臆することなく、ミユの唇に自らの唇を重ねた。

（ここまではいけるんだよ）

相変わらずマコトは冷静だった。好きで付き合ったはずのミユ。その感情にウソはない。と、思っている。だが、こんな場面になってもマコトには激情も欲情も生まれない。それどころか、ミユのかわいらしい顔から、柔らかい体から、離れたがっている自分がいる。

マコトは優しくミユとのキスをやめる。ミユが不満を募らせるというよりも、訝《いぶか》しげな表情を浮かべるようになってきたことには、気づいている。

「今はサッカーに集中したいから」

マコトはいつものようにウソをつく。

（やっぱり、ダメか……）

ウソは苦手ではない。真面目で奥手。高校時代、サッカー部のみんながマコトに抱いていたイメージは、自らのウソがもとででき上がったものだ。

そのウソは、マコトなりにサッカー部が全国大会への切符をつかむため、そして自らの夢をかなえるために必要だと判断したものでもあった。

ゲイの仲間と過ごす休日

東京のとある公園にある人工芝の運動場。

緑のピッチの上では、カラフルなユニホームに身を包んだサッカーチームが試合をしている。

サイドラインを駆け上がっているのは、夜の街が似合いそうな年齢不詳の男。彼の動きに合わせるように、学生風の若者と、仕事でそれなりの地位に就いていそうな中年男性がゴール前へ走っていく。二人の後ろでは、鍛えられた筋肉を身にまとった大柄な選手が次の展開に備えているような動きを見せていた。

年齢不詳の男がゴール前にボールを上げ、若者と中年男性がシュートを狙うも、相手ディフェンスがヘディングで防ぐ。その刹那《せつな》、こぼれたボールに素早く反応した大柄な選手が足を振り抜く。強烈なシュートがゴールキーパーのダイビングを無視するようにゴールネットを揺らした。

「体が大きいこともあって、子どもの頃からいろいろなポジションをやらされたんですけど、最後は一応、フォワードだったんで」

試合が終わると大柄な選手――フリーランスのパーソナルトレーナーである中澤誠《まこと》は控えめに笑った。物腰が柔らかく落ち着いた口調は、論理的なトレーニング指導がよく似合いそうである。

「選手の仕事はみんなバラバラ。まあ、草サッカーを楽しむ休日の趣味仲間ですね」

ただ、その仲間たちにはある共通項がある。誠も含め、選手はみなゲイなのだ。

「大学で体育学を学んでいるとき、ゲイの友人から紹介してもらったのがチームに入ったきっかけです」

気の置けないゲイ仲間と好きなサッカーを目いっぱいプレーして、試合が終われば一杯やりながらプレーを振り返り、簡単な近況報告やサッカーの話題に花を咲かせる。ほぼ全員、ふだんの仕事ではゲイであることを隠しているという。そんなメンバーにとって、ゲイだけで組んだチームで臨む草サッカーはストレス解消、次の一週間のために鋭気を養う大切な時間。誠にとっても、それは同じだ。

「チームにはいろいろな人がいるから、ゲイ同士のつながりというか、世界が一気に広がりましたね」

ただ、誠がこうしたゲイとして充実した日々を過ごせるようになるまでには、長い時間を要した。

諦められなかったプロの夢

三〇代の誠だが、試合を見ていればフィジカルも技術もひとりだけ突出していることが素人目にもわかる。

「一〇代の頃は本気でプロを目指していました。高校では全国大会にも出ましたけど、プロになれなくて。それでも諦めきれず、卒業後もアルバイトをしながら地元の社会人チームなどで練習を続け、プロテストを受けていたんです」

生まれは首都圏のベッドタウン。サッカーが盛んな土地柄で、小学生時代にボールを蹴り始めた。中学は学校の部活でプレー。三年となり引退した後は、近隣の実力者が集うことで知られた地元のクラブチーム、いわゆる〝街《まち》クラブ〟で腕を磨いた。

「当時は、Jリーグクラブの下部組織より、高校の選手権大会で活躍したほうがプロへの近道に思えたから」と全国制覇を狙える高校への進学を希望。街クラブのコーチに、ある強豪校への進学を薦められる。

「サッカー部強化に取り組んで間もない高校で、指導者も実績豊富な方《かた》でした。家から少し遠かったので、部活に集中するなら寮生活になる。家を出ることはあまり想像していなかったから迷ったのですが、クラブには地方の強豪校に進学する選手もたくさんいる。なら自分も、と進学を決めました」

こうして誠は一五歳で親元を離れ、Jリーガーという夢を追った。

「全国から選手が集まっていて、最初はレベルの違いに愕然《がくぜん》としました。部員全員、プロを目指しているようなチームでしたから。それでも必死に頑張って、なんとかレギュラーになり、全国大会にも出場することができました。ただ、僕も含め誰ひとり、プロから声はかからなかった」

練習試合では田中達也や大久保嘉人《よしと》など、後に日本代表でも活躍する選手たちとも戦い、力の差を見せつけられた。だが、それでも誠は諦めなかった。

「プロって本当にすごい場所だとわかったし、段違いの選手がいることも知りました。

だけど、自分にとって、それは諦める理由にはならなくて。自分で無理と決めるのではなく、プロの目で直接見てもらって、無理と言われたら諦めようという心境だったんです」

だから大学進学も就職もせず、卒業後はプロテストを受けるという道を選んだ。しかし、現実は甘くなかった。

「プロテストを受け続けましたが、結局、合格の返事はもらえませんでした。自分としては二〇歳まで受からなかったらキッパリ諦めると決めていたので、そこでタイムオーバー。今思えば、もうちょっと粘ってもよかった気もします。だけど、当時はこまでやったからもういいかな、と自分なりに納得しました」

その後は「選手は無理でもスポーツにかかわる仕事を」と現在の職業であるトレーナーを志し、体育学科のある大学に進学。卒業後はスポーツジムに就職し、インストラクターとして経験を積んで、三〇歳を期に独立した。

なんとも愚直なアスリート人生。その生真面目ともいえる性格は、誠がゲイとして生きていく道程にも大きく作用した。

チームのためにノンケのふり

「子どもの頃から親とスーパー銭湯などに行ったときに、男の人の体を見るとドキドキするというか、普通の男の子が女性の体を見るような目になっている感覚はありました。だけど、それがどういうことなのかはわかっていない感じで」

そんな、どこか友人と〝異なる感覚〟を持ってはいたが、そこはまだ子ども。小中学校は周囲と同じように好きな女の子もでき、男を好きになるといったこともない。ただ、その感覚がすべて消えることもなかった。

「中学生になり、エロ本とかAVとか見るようになっても、目がいくのは男優さんの体。女優さんの体を見ても興奮しないんです。だからといって女性が嫌いになるわけではなく、彼女もつくっていました。その頃、彼女のことが好きだった気持ちはウソではなかったと思うし、ファーストキスだってドキドキしていましたよ」

女性よりも男性に性的な関心を持ってしまうことが悩みになったのは、サッカーに打ち込むべく進学した高校時代である。

「高校生になると童貞を卒業する同級生が増えるじゃないですか。セックスをする自分をリアルに想像するようになってきたら、『オレ、できないかも』と思ってしまったんです。そしたら徐々に、その気持ちが膨らんできて……」

サッカー部といえば、運動部の中でも花形の部類に入る。ましてや全国も狙える強豪校。部員たちは学校では大いにモテた。

「さっさと初体験を済ませて、しっかり遊んでいるチャラいタイプの同級生もいました。部室でも、みんな当たり前のようにセックスの話をしていましたね」

その風景は強豪校だから特別というわけではないだろう。性への関心が高まる一〇代の少年が集う華やかな運動部ならば、ごく普通の高校でもありうる光景だ。だが、誠にとってはそれが悩みの種だった。

「部室でそういう話が出るたび、『自分には無理かも』という気持ちになる。そこからは部室でも寮でもノンケ（恋愛や性的欲求の対象が異性というヘテロセクシュアルを指す隠語）のふりをして、会話を合わせるようになりました」

高校生になり、ネットの普及もあって性的マイノリティに関する知識が増えると、自分がゲイと呼ばれる人間であることを少しずつ自覚するようになってきていた。だが、カミングアウトという選択肢は迷わず消し去った。

「自分自身がまだ一〇〇％受け入れられないのも理由でしたが、サッカーが団体競技だったことも影響していたと思います。当時の……いや、今の状況でも団体競技をやるうえではカミングアウトのメリットってないんです。団体競技はチームワークが大事。そう考えると、仮にゲイであることを明らかにしたら、部員全員が受け入れてくれる可能性は低い。ひとりでもゲイを毛嫌いするような選手がいたら、競技に支障が出て、自分の居場所がなくなるかもしれない。プロを目指してサッカーをしている以上、居場所がなくなるのは困る。はっきり言えば、カミングアウトは競技の妨げになるんです」

団体競技ゆえに、自分を殺して円滑なチーム運営を優先する。当たり前のようにも聞こえる誠の選択だが、それこそが日本の〝体育会〟という世界の体質を如実に表しているともいえよう。

規律を乱したら排除される

年齢（学年）主義をもとにした厳しい上下関係、上意下達がとことん物を言う運動部。さらには、そうした団体の体質に耐え、順応し、生き抜いた人間。ステレオタイプな体育会のイメージを挙げろといわれれば、そんなところだろう。

なぜ、日本の運動部、スポーツ団体にはそのようなイメージがついたのか。それはている。

日本におけるスポーツが、国策を背景に学校教育の一環として発展した経緯が影響し

第1話でも述べたとおり、近代スポーツ発祥の地を問われれば、ヨーロッパ、特にイギリスとなる。そのきっかけは、パブリックスクールにおける教育カリキュラムへの採用だが、その後のヨーロッパ、そしてアメリカにおける発展の過程では、スポーツは余暇のレクリエーションという側面を強めていった。

一方、日本では近代スポーツが〝輸入〟されたのは明治時代。ただし、それは余暇のレクリエーションではなく、〝体育〟という名の教育科目として発展していく。その過程では、当時、〝富国強兵〟を目指していた明治政府の政策も強く影響した。『わが国の体育・スポーツの系譜と課題　嘉納治五郎《かのうじごろう》と近代』（友添秀則著、大修館書店、二〇二二年）では、体育教育の変化が次のように説明されている。

天皇制イデオロギーを基盤に近代教育制度が確立していく明治十年代後半から三十年代にかけて、身体の教育に加えて、運動を手段とした教育の意味を含意するようになった体育の概念は、いわゆる教育勅語（教育ニ関スル勅語・明治二十三年）の発布などによって軍国主義的強兵政策がとられる中で、体操科の中で兵式体操

が生徒の従順な徳目的性格の形成という観点から重視されたり、戸外遊戯が盛んになってくると、身体教育とは異質の多目的（例えば、身体の形成、服従的・徳目的性格の育成、運動技能の形成など）教育を達成する運動教育と理解されていくようになる。

強兵——その言葉どおり、屈強な兵士と軍隊を育成するために、学校教育での体育は都合がよかった。たくましく丈夫な肉体、そうそう尽きない体力、不屈の精神。それらの養成は強兵に欠かせない要素であり、かつ体育で養いやすい。さらに軍隊の行動に必要不可欠な規律を植えつけるのにもうってつけ。厳格な命令・指揮系統の確立は、〝学年〟を軸にした上下関係、上意下達のシステムを生み出しやすい学校制度と相性がいい。

こうした体育教育は、太平洋戦争後の教育改革で改められる。しかし、実際の学校体育や部活動の現場では〝軍隊帰り〟の教員や選手が、軍隊式の指導や体罰に代表される懲罰を行うことが常態化した。『体罰と日本野球』（中村哲也著、岩波書店、二〇二三年）では、明治大学野球部を例に当時の状況を以下のようにまとめている。

戦後に活動を再開した明大野球部で、体罰が横行する要因となったのが「軍隊帰り」の上級生であった。旧日本軍では「ビンタや鉄拳制裁」といった「暴力的制裁や陰湿な初年兵いじめ」が「兵営全体にかなり普遍的に存在」していた。そこで体罰を受けて復員・復学した上級生によって、部内の体罰が戦後にも受け継がれたのであった。

かくして日本におけるスポーツは、現代でもその残滓《ざんし》が見えるほど〝軍隊式〟の指導、教育、システムの色が濃くなった。いわゆる体育会のイメージは、こうした背景をもとに醸成されていったといえる。

軍隊はそもそも男性中心の組織だ。今でこそ女性が活躍する場が増えたが、古来〝男らしさ〟が尊ばれてきた集団である。ゆえに性的マイノリティへの偏見や風当たりも強くなる傾向があり、ホモフォビア（同性愛または同性愛者に対する差別・偏見・拒絶・恐怖・嫌悪）も存在感を増す。同時にミソジニー（女性への蔑視・嫌悪・軽視）も跋扈《ばっこ》しやすく、結果的にホモソーシャル（男性同士の緊密な結びつきや関係性が強いこと）な組織となっていった。

軍隊と共通項の多い日本の体育会もまたホモフォビックで、ミソジニスティックで、ホモソーシャルな集団になるのは必然であった。それは日本だけではなく、軍隊式の教育・指導が早くに薄まった欧米でも変わらない。女性が本格的に進出する以前、男性中心だった時期のスポーツ界では、そうした空気感が醸成されやすかった。その証拠として、英語にも日本の体育会系に近い〝ジョック（jock）〟というスラングが存在する。

こうした環境の日本の体育会。さらには、性的マイノリティへの理解が進んでいない社会状況。ＬＧＢＴＱの当事者が「チーム内でカミングアウトする行為は、チームの規律を乱し、自身が排除されるのではないか」という危惧を抱いてしまうのは無理もない。

誠が自身の競技人生を考え、カミングアウトをせず、ウソをつくようになったのも、当時の状況を考えれば致し方ない選択だったといえよう。いや、強豪の体育会では誠が高校を卒業してから二〇年経《た》った今もほとんど変わっていない。性的マジョリティは、ＬＧＢＴＱのアスリートにカミングアウトを自重するような選択を無意識のうちに強いてはいないか。そして、当事者の危惧にあまりに無自覚ではないか――。

サッカー部での〝禁欲〟

ゲイであることを正直に伝えれば、夢が潰《つぶ》れる。誠は当然のように話すが、つらい現実に思える。そんな事情も知らず、チームメイトはセックスの経験を武勇伝のように披露する。誠が話を合わせて「いいな」「すごいな」と相槌《あいづち》を打てば、罪の意識なく「お前も早くヤれよ」とけしかけられる。

「でも、自分の場合はそれが苦痛というわけではなかったんですよ。体も大きくてナメられるタイプではなかったので、イジメみたいにはならなかったし。チャラいタイプに比べれば真剣にプロを目指して練習に取り組んでいたから、『あいつは真面目で奥手』と思われていたんじゃないですかね」

スポーツ強豪校のイケイケな男子がつくり出すマッチョな雰囲気の強要を、誠はプロを目指して練習に励んできた自身の歩みによってはねのけた。

「後から知ったことですが、同じゲイでも、ちょっと女性っぽいナヨナヨしたタイプは『男らしくない』といった理由でイジメられ、悩むことも多いそうです。だけど、僕はずっと体育会育ちでガタイがよくて、見た目や振る舞いは男っぽかったから、イジメられもしないし、それで苦悩することもなかった」

そして、ラッキーだった面もあると感じているという。

「タイプの男が周囲にいなかったんです。ゴツい男が好きで、サッカー選手っぽい体型やチャラいタイプは好みじゃない。生徒も女子のほうが多い高校だったし、ラグビー部や柔道部もなかった。もし恋をしてしまうような男子がいたら、ゲイである自分を抑えられなくなって、何かヤバい事態が起きていたかもしれない（笑）」

トップアスリート、あるいはそれを目指す選手には、食事、飲酒、喫煙といった面での節制や規則正しい生活を行うといったルーティン的行動、さらにトレーニングにコツコツと取り組むための自己管理能力が必要とされる。それは、常人から見ると驚くほど禁欲的だ。誠がサッカーに打ち込むために、ゲイである自分を抑制していたさまは、「競技にマイナスになることはやらない」といった一種の〝禁欲〟のようである。

しかし、その禁欲も、高校を卒業すると徐々に利かない状態になっていく。

夢の終わり、ゲイとしての始まり

実家に戻り、プロテストへ向けてガソリンスタンドでのアルバイトと練習に励む日々が始まった。卒業してもストイックに競技へ打ち込む日常は相変わらず続いた。とはいえ、これまでとは違い、たったひとりでの闘い。時折、孤独が苦しくなることもある。そんなときは地元の友人と遊んで気晴らしをした。

「その流れで付き合った女の子もいたんですけど、やっぱりエッチができない。いざそういう場面になっても勃《た》たないことが続いて。『いよいよ、これはマズいぞ』と追い込まれてきたんです」

もはや自分がゲイであることは明白だった。しかし、まだ一〇〇％受け入れられなかったのだ。

「当時、ゲイであることを受け入れるのは、〝結婚して子どもをもつ未来〟を失うことになると思っていて、それが大きかった。まだゲイの世界の知識も十分ではなくて、周囲の人と違う道へ飛び込むのが、どうしても怖かったんです」

基本的には真面目で優等生タイプの誠だけに、チームという枷《かせ》がなくなっても、あと一歩を踏み出すことができなかった。直接的には関係ないはずが、もしプロテストに受かったら……という未来も頭をよぎる。本人いわく、「もっとも葛藤に苦しんだ時期」だった。

それでも性欲は抑えられない。誠はゲイの出会い系サイトをのぞくようになり、アクセスする回数も増えた。そして、ついに興味をもった男性と会う約束をした。

「ところがドタキャンしちゃったんです。いざ会うとなると怖くなって、待ち合わせ場所にすら行くことができなかった」

約束してはドタキャンする。そんな〝ルーティン〟を繰り返す状態が、なんと一年も続いたという。

「ひどいと言えばひどいけど、ゲイの半分くらいは、最初はそんな感じじゃないかな。仮に僕が今、そんなふうにドタキャンされたとしても、気持ちはわかるから腹も立たないと思う。まあ、快楽優先であっさり飛び込めるゲイもいますけど、僕にはできなかった」

少年時代からサッカー最優先で生きてきた誠は、体育会以外の世界をあまり知らずに育ってきた。チームのために、プロになるために、ゲイである自分を犠牲にしてきた。そんな誠が簡単に快楽を優先できなかったのは、仕方がないことだったのかもしれない。

「ドタキャンを続けている間も、女の子とのエッチを試みたことがあったんです。でも、やっぱりできない。もうゲイの世界に飛び込むしかないかなって。ヘンな表現かもしれませんが、ドタキャンを繰り返すことで、ネット上ではゲイとのコミュニケーションに慣れてきた感覚もあったので、以前ほど怖くなくなってきたんですよ」

会ってみれば、何も怖いことはなかった。自分の性をめぐる葛藤の話をしたら、「そんなもんだよ」と言ってもらえた。すぐに肉体関係を結ぶこともできた。幸せを感じた。ちょうどプロになる夢を諦めかけていた時期。ゲイとして生きていく安心感と覚悟をもてたことが、夢の終わりを受け入れることにつながったのかはわからない。

「個人的な感覚ですけど、スポーツ好きなゲイはけっこういますよ。ただ、体と体をぶつけ合うのが苦手ってタイプが多いからか、サッカーやラグビーのようなスポーツをやっている人は少数派だと思うんですよね。芸術的な要素が強いスポーツのほうが人気があるような気がする。体操とかフィギュアスケートとか？　どの競技にもゲイは一定数いるんじゃないんですかね」

誠はサッカーのためにゲイであることを自分のなかでどう〝処理〟するか、メリットとデメリットを天秤《てんびん》にかけ、ある意味、ドライにとらえていた。それゆえにゲイとして〝生きやすく〟なるまで時間を要した。詮なき仮定の話だが、もしも、日本が性的マイノリティへの理解がより進んでいる国だったら、誠はもっと早くから無駄な葛藤などせずに、競技においても自分の性においても伸び伸びと生きられたのだろうか。

無理を強いられる男子アスリート

日本よりも先んじて性的マイノリティの社会における可視化が進んだアメリカ。監修者の岡田桂によれば[*1]、そのきっかけのひとつは、一九七二年に成立した法律「タイトルナイン」である。アメリカ連邦法で「教育改正法第九編」とも呼ばれるこの法律は、税金の投入されている公的教育機関において、あらゆる性別による差別を禁止することを定めたものだ。それは当然ながらスポーツを含む学校の部活動にも及ぶ。これによりスポーツにおける男女平等が著しく進展した。

こうした動きは、性のあり方をめぐる解放運動（リベレーション）にも影響を及ぼした。それまで社会のなかで〝いない者〟のような扱いだった同性愛者たちが、自らの権利を求めて声を上げていくようになった。そして一九七〇年代後半には、ゲイを公表したハーヴェイ・ミルクがサンフランシスコ市会議員に当選。少しずつ社会で性的マイノリティの存在が認められるようになっていった。なかでも保守的・排他的な空気が少ないカルチャーやファッションの世界では、いち早くゲイのクリエイターたちが存在感を発揮。また、周囲も偏見の目を持たず、その実績を認めていった。

それに比べると、ホモソーシャルで、ホモフォビックな傾向が強いスポーツの世界では、性的マイノリティの許容が始まるまでに時間がかかった。だが、ついに一九八一年、ゲイのオリンピック競技会開催を目指す団体「SFAA（サンフランシスコ・アート&アスレティックス）がサンフランシスコで設立され、翌年、第一回「ゲイ・ゲームス」が行われた。参加したのは一二カ国一三五〇人の選手たち。以降、ゲイ・ゲームスは現在に至るまで続き、欧米を中心にトップアスリートもLGBTQであることを表明するようになった。当初は社会から否定的にとらえられるという不幸なケースもあったが、時代を追うごとにそういった反応は薄まってきている。

日本でも近年は、性的マイノリティであることをカミングアウトするアスリートが出現してきた。それは喜ばしいことであるが、一方で気になるのは、その多くがレズビアンやFtM（出生時に割り当てられた性別が女性で、性自認が男性のトランスジェンダー）のアスリートという点である。ゲイであることを表明する日本人アスリートが少ないのは、日本のスポーツ界に依然としてホモソーシャルな体育会のカラーが強く残っているからではないか。多くの当事者たちが〝無理〟を強いられていると思わざるを得ない。果たして、この状況は変わっていくのだろうか。

誠の話を聞いていた公園の運動場では、彼のチームと入れ替わりにピッチに入ってきた少年クラブの選手たちが生き生きとボールを追っている。もしかしたら、あの中にも誠のような葛藤と闘っている男子がいるのかもしれない。

＊1　岡田桂「ゲイ男性とスポーツ」（『スポーツとＬＧＢＴＱ＋』岡田桂・山口理恵子・稲葉佳奈子著、晃洋書房、二〇二二年）

第3話

氷上を舞う「美しき男」の芸術

（ヤベ、もう限界）

トウマは氷上を美しい姿勢を保ったまま滑り、最後のジャンプに挑もうとしていた。

トウマの体のあちこちが悲鳴を上げている。それでも他のスポーツのように苦渋《くじゅう》に満ちた表情を浮かべることは許されない。

最後の力を振り絞り、柔らかな表情をキープして、限界に達しつつある体を宙に飛ばせた。

「オオッ！」

リンクの一般開放を待ちがてら、トウマの練習の滑りを眺めていた若い男女の集団が驚嘆の声を上げる。

あくまでも美しく、華麗に。テーマに合わせた繊細な表情を崩すことは負けを意味する。

フィギュアスケートは美を競うスポーツだ。だがその美は、不安定な氷の上でも動じず、かつ自らを高く飛翔させることができる強靱《きょうじん》な肉体のうえに成り立っている。

それなのに。

練習を終えてロッカールームに戻るトウマの耳に、何度も聞いたことのある言葉が入ってきた。

「あいつオネエっぽいな」

「オカマか」

リンクに入っていく男女の集団の誰かが発した、小さな囁《ささや》き。

（そういうの、意外と聞こえるんだぜ……）

トウマたち男子フィギュアスケーターは、ちょっと可憐《かれん》な印象の滑りや、人によっては〝女性的〟と受け取られるような繊細な表現をしただけで、周囲の心ない視線を浴びることがある。

（あいつらは演技ってものを、なんにもわかっちゃいない）

そのたびにトウマは「やれやれ」とため息をつくのであった。

フィギュアスケートはバリバリ体育会

フィギュアスケートは、日本が世界のトップレベルを争うスポーツである。冬季オリンピックでは、男女とも当たり前のようにメダルが期待されている。

優美な衣装を身にまとった選手たちが氷上で軽やかに舞う。そんな印象ゆえに、わかりやすく〝マッチョな体育会〟から離れた競技に感じる人も多いだろう。

「ところが、フィギュアも内実はバリバリの体育会って感じなんですよ。〝ザ・年功序列〟みたいな文化は濃く残っているし、僕が中高生の頃は体罰もめっちゃありました。ちょっと上の世代は、ヤンキーみたいなタイプの選手もけっこういましたしね。まあ、そういう選手はだいたい、中途半端な感じでやめていきましたけど」

そう語るのは緑川冬馬《とうま》。現在二四歳、かつてはフィギュアスケート選手として国際大会にも出場する実力者だったが、限界を感じて大学卒業を機に引退。現在は動画配信関係の仕事をしながら、時折アイスショーなどから依頼があれば出演してスケーティングを披露している。

「男子のフィギュア選手というと、『オカマとかオネエとか多いんじゃない？』みたいな印象をもたれがちだと思いますけど、そんなことはない。他のスポーツといっしょですよ」

その実情は冬馬が一番よく知っている。彼はゲイとして男子フィギュア界を生き抜いてきたからだ。

恋愛よりも練習

「フィギュアを始めたのは小学校六年生。遅いのには理由があって、幼い頃に大病をして激しい運動を止められていたんです。でも、体を動かすことは大好きだったので、ずっと自分がやりたいスポーツを探していました。ただ、球技や武道はなんかピンとこなくて。そんなとき、トリノ五輪で荒川静香さんが金メダルをとった演技を見て『僕がやりたいのはこれだ！』と感じたんですよね」

フィギュアに惹《ひ》かれたのは、芸術性の高さだった。

「スポーツも好きだけど、アーティスティックなものも大好き。フィギュアは両方満たされるスポーツだったんですよ」

好きこそものの上手なれ。運よく近所にあったスケートリンクのクラブに所属した冬馬の上達スピードは速かった。元来、運動好きであったように、身体能力も高かったのであろう。周囲の選手よりスタートは遅かったが、あっという間に全国を狙える選手に成長する。

ゲイだと自覚したのも、ちょうどこの頃だった。

「自覚したときのことははっきり覚えています。中学一年でした。それくらいの年頃って、性に興味を持ち始めて、オナニーのこととか話題になりますよね。それでエロい写真も友達の間で出回りますけど、セックスしているような写真で僕は女の子よりも男のほうに目がいったんですよ。『こっちだ！』と思ったときに、過去のいろいろな違和感がつながったんです」

冬馬は幼い頃から男友達より女の子のほうが「絡みやすかった」という。

「たとえば小学生の頃、女の子の間で大きな筆箱をギャルっぽくデコって、匂いのするペンを入れるのが流行《はや》っていたんですけど、僕も男子と遊ぶより、それと同じことをするのが楽しかった。仮面ライダーや戦隊モノも好きだったけど、周囲のようにヒーローに憧れるのではなく、俳優さんにキュンキュンしていたんですよね」

自分がゲイだと気づくと同時に、それを認めたくないと悩む人もいるが、冬馬はそうではなかった。

「つながってスッキリした感覚がうれしかったのか、特に深くは悩みませんでしたね。さすがにカミングアウトするまでは振りきれなかったので、男友達にいろいろ合わせることは多かったですけど」

男同士のおふざけでジャージのズボンを下ろすイタズラが流行ることがあったが、そうした〝男子ノリ〟にも表面上は合わせる。「もともと前向きな性格」という彼は、何事もポジティブにとらえることにした。恋愛に関しては、ある意味、フィギュアが代替物となった。

「中学だと、学校内や部活内で恋愛の話題で盛り上がることが多いじゃないですか。僕は学校の部活に入らずに、学外のクラブでフィギュアをしていて、結果的にそういった話題とは一線を引いた場所にいたので、あまり気になりませんでした。フィギュアのクラブでは、ロッカールームで『女子の誰がかわいい？』みたいな話もするけれど、ほとんどの選手は競技が第一。僕自身、本気で五輪を目指していたので、遊んでいるヒマもない。ただでさえ僕はスタートが遅く経験不足ですから、練習をサボれば誰かに抜かれるだけ」

事実、冬馬の所属していたクラブのレベルは高く、ともに練習に励んでいた選手のなかには、後の日本代表選手が複数人存在していた。なかには恋愛に積極的な選手もいたが、それはほんの一部。ほとんどの選手はオリンピックを目指し、ストイックで競技一色の生活を送っていた。

「先生の指導は厳しくて、体罰も当たり前。だけど、体罰を受けるのは、思うように演技できずイライラしてリンクを蹴ったり、わざと氷に穴を開けたりと、練習態度や競技に向かう姿勢が悪いときだけ。自分が悪いとはわかっていたから、心底嫌にはならなかった。まあ、当時は本当にストイックだったんですよ。だから、彼氏が欲しいと思うこともなかった。学校にちょっと好きな男子はいたけど、たまに話ができれば十分。性欲もオナニーで発散できればいいや、って」

友達の応援でラグビー部男子に〝告白〟

それでも高校生になると、男女問わず周囲にはセックスの経験者も増え、恋人が欲しいと思うようになってくる。

「高二のとき、『僕もとりあえずヤらなきゃ』みたいな気持ちになって。出会い系で知り合った男と初体験。その日は『今日はエッチをするんだ！』と決意して出かけましたね（笑）。相手は、日本在住で英語講師をしている年上の白人男性でした。今も昔も年上が好きなんです。初対面の日にいきなり体を求められて、最初はクソ痛かったですけど、『今日はヤる！』と決めていたから抵抗はしませんでした」

目標を決め、それを達成するためのミッションを強い意志で実行する。まるで優秀なアスリートに競技の話を聞いているような感触。こうした実行力は冬馬の長所なのだろう。以降は出会い系で性欲を発散するような日々が続いた。

「でも、高三のときかな？　いつかは子どもが欲しかったから、試しに女の子と付き合おうとしたんですよ。あるフィギュアの女子選手から告白されたのをきっかけに。でも、いざセックスする流れになったら興奮も反応もしない。ああ、これは無理だなと諦めました。だからベッドに入ったけど、いっしょに寝ただけで終わり」

今、その女子は冬馬がゲイだと知っているという。久しぶりに再会して「あのとき、初めてを捧《ささ》げるつもりだったのに」とちょっと責められたが、理解はしてくれた。冬馬は「女子とはやっぱり無理だ」とあらためて実感して以降、高校の友人にもフィギュアの競技仲間にも、信頼できると判断すれば自身がゲイであることをカミングアウトするようになった。いじめられたり、言いふらされたりする心配がゼロというわけではなかったが、ほとんどの友人はその事実を理解して受け入れてくれた。

「なかには『あ、そうなんだ』って固まっちゃった友達もいました。ただ、その手の反応であっても、気まずい感じにはならなかったですね」

当時の冬馬は、あるラグビー部の男子に恋心を抱いていたが、そんな周囲の理解もあって思いきって告白を試みたという。

「伝えて終わらせたい、みたいな気持ちもあったんですよね。彼はクールな印象で、おしゃべりなタイプではないし、僕も好きな子に対して自分から積極的に話しかけられるタイプでもないから、ＬＩＮＥで。『好きなんだけど』って」

答えは「ノー」だった。

「でも、『ごめんね。オレはストレートだから、これからも友達としてよろしく』みたいな返事で。いいヤツすぎて、もっと好きになりそうだった（笑）」

この告白にあたり、冬馬は彼と同じラグビー部の友人に相談していた。陽気で気のいいヤツだとわかっていたから、自分がゲイであることもカミングアウトしたうえで。

「そいつが『応援するわ』って言ってくれたことにも、背中を押されましたね。言ってすっきりしたし、よかった。ヘンなふうに話が広まることもなかったし。本当、友達に恵まれました」

「オカマが多い」という偏見

もともと自身をゲイと認めることについてはそれほど葛藤がなかった冬馬だけに、カミングアウトをすることに抵抗がなかったことは、ある程度理解できる。ただ、「恵まれた」と本人が話すように、周囲の理解のよさについては驚きといえば驚きである。冬馬の高校時代というと、ＬＧＢＴＱという言葉自体はだんだんと知られ始めていた時期にあたる。保守的な高年齢層と比べると、やはり今の若年層はＬＧＢＴＱへの偏見はかなりなくなってきているのかもしれない。

冬馬は高校卒業後、三人の男性と交際した。そのなかにフィギュア選手はいなかったのか。

「いませんよ。フィギュア選手のような男は好みじゃないんです。僕、好きなタイプは日本人ならぐっさん（山口智充《ともみつ》）、照英《しょうえい》さん。外国人ならジェラルド・バトラーやザック・エフロンですからね」

確かに全員、現在の一般的な男子フィギュア選手のイメージとは重なりにくい。しかしながら、男子フィギュアは並外れた筋力、体力、バネを有する強靱な肉体を駆使する競技である。にもかかわらず、それがあまり伝わらないどころか、「あの選手はオカマっぽくない？」といった世間の下卑《げび》た視線も受けてしまう。実際、芸術性を争う競技の特性上か、男子選手の演技でも表面上はわかりやすいマッチョな〝男らしさ〟がどうしても薄くなる。そして、選手のなかにも中性的だったり、フェミニンな匂いを感じさせたりするタイプが、美しさの表現としてひとつの個性や強みのように評価をされている現実がある。

一九八〇年代末、大人気だったバラエティ番組『とんねるずのみなさんのおかげです。』（フジテレビ）では、お笑いコンビ「とんねるず」の石橋貴明《たかあき》が「保毛尾田保毛男《ほもおだほもお》」なるゲイのキャラクターを演じるコントがあった。今ではゲイの蔑称《べっしょう》として使用が控えられている〝ホモ〟をもじった名前であったが、そのキャラクターの〝男なのに女っぽい〟言葉遣いや仕草《しぐさ》はお茶の間の笑いを誘った。

思えばこれまでのテレビでは、〝女っぽい〟話し方や服装の〝男性タレント〟は〝オネエ〟〝オカマ〟などと呼ばれてきた。ただし、みな〝女っぽい男〟としていっしょくたに〝笑い者〟にされていたところがあるのではないか。

しかし実際には、ゲイの言動やルックスが〝女っぽい〟とは限らない。また、〝オネエタレント〟と呼ばれてきた人たちはゲイだけでなく、トランスジェンダー、バイセクシュアル、ドラァグクィーン……とさまざまであって、今では自身の性のあり方を明確に公表している者もいる。

そうした認識は、もはや視聴者の間でも広がっている。だからこそ二〇一七年、先述の番組の三〇周年記念スペシャルで保毛尾田保毛男が再登場すると、ネット上では〝大炎上〟することになったのだろう。ＬＧＢＴＱの関連団体が「性的マイノリティへの差別や偏見を助長する」とフジテレビに抗議し、同局の社長は謝罪に追い込まれた。

他方で、「男子のフィギュア選手というと、『オカマとかオネエとか多いんじゃない？』みたいな印象をもたれがち」と冬馬は述べた。つまり、いまだ〝ゲイ＝女っぽい男〟というステレオタイプなイメージは社会に根強く残っており、やはり世間の大部分は「〝女っぽい〟男子フィギュアの選手はゲイ」と偏見の眼差《まなざ》しを向けているということなのか――。

カップルは「男女」から「二人」へ

「フィギュアって実際は、強靱なフィジカルと高度な技術がないとトップレベルにはなれません。ただ、それをいかに隠して、当たり前のように華麗に演技できるかがポイントだから、トップ選手になればなるほど、男性的なたくましさが見えにくい。さらに、ふだんは一般的な男性と何も変わらないのに、いざ演技となると女性的な雰囲気を出せる、出てしまう選手がいるんです。一種の表現力なんでしょうね。そういった表現力の豊かさ、幅の広さも評価のポイントだから、誤解する人もいるのでしょう。だから、たとえば野球部やラグビー部のストレートの男子選手たちにフィギュアをさせたら、何人かはそういう雰囲気が出る子がいると思いますよ」

　そんな実情を理解してもらうことが簡単でないのはわかっている。

「そもそもフィギュア界のなかでも、そんな視線はありますからね。男子の選手がちょっと女性っぽい演技をすると、『あいつ、やっぱりゲイ？』とかふざけ気味に言う関係者もいますから。正直にいえば、過去に僕もそういった発言やノリに同調してしまったこともあります。ゲイであることを隠すために合わせちゃったという言い訳もあるのですが、今思うと本当に恥ずかしい。僕からすればフィギュアだって、その体質や特徴はマジョリティな体育会の世界。ゲイがやりやすいスポーツと思われるかもしれませんが、そんなことはありません」

　冬馬はそんな経験を通して、フィギュアの競技内容や種目の幅が、今より広がってもいいのでは、と思っている。確かに現状の男子フィギュアにマッチョイズムを前面に押し出すような演技は少ない。ジャンプなどで男子ならではのダイナミックさが出ることはあるが、演技自体は〝華麗な美〟といった言葉が似合いそうなタイプが多くを占める。

「羽生結弦《はにゅうゆづる》選手の活躍もあり、男子フィギュアの人気はアップしています。でも、競技人口は増えるどころか減っているんです。そこには男子フィギュアに対する一部の誤解した視線も影響していると思う。ストレートの男子が『ゲイなんじゃないか？』といった視線を受けるのは気の毒だし、そんなイメージを嫌がる子どももいるでしょうから。だから、個人的には非公式でもいいので、フィギュアにも男子ならではのフィジカル、力強さ、身体能力にフォーカスを当てた種目や大会、イベントがあったらいいのに……と思います。そしたら、『やってみたい』という男子が増えるかもしれない」

冬馬は現役終盤、男女カップルで演技をするアイスダンスに取り組んでいた。引退は、アイスダンスでよい結果を出せず、カップルが解消となったのもきっかけのひとつだった。

「自分としては競技は競技、性は性と割りきって取り組んでいました。それでも、意識しないところで僕がゲイであることが、芸術性の表現の部分でよい演技ができなかった理由だったのかも、と思い返すときもあります」

男女が組んで競技をするペアやアイスダンスは、男女の機微の表現が芸術性の高さにつながるときがある。その場合、演技中は選手同士が一種の疑似恋愛のような状態になることも大切。特にアイスダンスは、ペアよりも芸術性がさらに重視される種目なのだ。その点でゲイである冬馬は、演技をとことん追求しても、男女——すなわちヘテロセクシュアル（恋愛や性的欲求の対象が異性の人）でシスジェンダー（出生時に割り当てられた性別と性自認が一致する人）の異性同士――による心から湧き上がる恋愛の感情表現をするには限界があった、ということである。

「だから、たまに考えるんですよ。カップル種目で同性と組めないかなって。ゲイ同士、レズビアン同士なら、芸術性の表現もスムーズにしやすいでしょうからね。それが男子同士であれば、今までのフィギュアにはない、ダイナミックでアクロバティックな技だって生まれそう」

フィギュア界は競技人口の少なさも影響してか、閉鎖的な部分もあったという。冬馬が提案するような取り組みは、日本のフィギュア界がより自由に、より強く、より魅力的な競技になるための起爆剤になるかもしれない。そして、それは性の多様性への理解を、より進めるものにもなるはずだ。

実は取材から少し時間が経過した二〇二二年一二月、カナダではフィギュアスケートにおけるカップル種目の出場ルールが、「男女」から性別を問わない「二人」に変更された。つまり、同性同士でも出場が可能になった。理由はもちろん「性の多様性の尊重」である。冬馬の願う世界は、もう一部が現実になっている。

第4話

闘争心で「見世物」を超える

バシーン！

経験豊富な先輩に自らが繰り出した技をあっさりと返され、ダイサクはマットに叩きつけられた。瞬く間に先輩は寝技をかけてくる。そうはさせないとダイサクは必死にもがくが、先輩によって固められた体はどうにも自由が利かない。

（やっぱすげぇな、この人たちは）

ダイサクは苦しい思いをしているのに、この道を選んだ自分は間違いじゃなかった、とあらためて喜びに浸る。

「なんとかしてみろよ！　テメー、それでも男か？　あ、女だったか」

見守る仲間のなかでも、うるさいことが特技のような先輩がダイサクに冗談めいた喝を食らわせ、周囲がそれに仕方なしに合わせたような笑いが起きる。

（これさえなければなあ……）

今、技を極めている先輩は寡黙だ。

（弱い犬ほどよく吠《ほ》えるってのは本当だな）

先輩のヤジを聞きながら、ダイサクはもがき続ける。その様子は、所属する団体でゲイであることをカミングアウトした、自らの生き様のようでもあった。

ゴールキーパーはアメフト部へ

「『男だろ！』ってハッパをかけられたら？　『男ですけど、男が好きなんです』なんて冷静に答えちゃうかもしれないですね」

喫茶店の座席に屈強な体を縮こめ、窮屈そうに座る男がニコニコと笑う。人なつっこい笑みと、軽く体を突かれただけでもこちらが吹っ飛びそうな、山のような筋肉。そのギャップに、周囲の客も目を引かれている。

橋本大策《だいさく》、二四歳。ある総合格闘技の団体で、将来の王者、そして世界進出を目指し、汗を流しているゲイの格闘家だ。

関西生まれで学生時代はアメリカンフットボールに打ち込んでいた。たくましい肉体は、当時のトレーニングの賜物《たまもの》である。

「アメフトを始めたのは高校からで、大学まで続けました。もともとはサッカー少年だったんですよ。小学校時代はスポーツ少年団にも入って、中学もサッカー部。体が大きいからずっとゴールキーパーでした」

高校も当然、サッカー部に入るつもりだった。が、入学式から間もないある日、サッカー部の練習を見学しに行こうとした放課後、ひとりの体育教師から声をかけられて大策の運命が変わる。

「珍しくアメフト部のある高校だったのですが、先生はその監督でした。アメフト部の部員が少なく大会に出られるかわからない。少人数で頑張ってきた三年生にはなんとしてもこの高校のチームとして公式戦を経験させたいから入部してくれないか、と誘われたんです。自分、ガタイがいいから目をつけられていたみたいで」

最初はあまり乗り気ではなかった。ただ、教師のしつこく熱心な勧誘に根《こん》負けして、練習を見学しに行った。すると、優しそうな先輩が「ちょっとやってみる？」と声をかけてきた。「ま、せっかくだし」と大策は誘いに乗った。「手を使えるなんて、簡単そうな競技だな」と、ちょっとバカにしたような態度を取っていたという。ところがフィールドに入ると、優しそうな先輩の、その笑顔からは想像もつかないほどパワフルなタックルを浴びて、すっ転んだ。

「すげえ……って感動しちゃったんですよ。それで、自分も見よう見まねでタックルをしてみたら、なんか面白くて。当時、ちょっとヤンチャなタイプだったから、相手にコンタクトできるのがうれしいというか。タックルして相手が痛がっているのを見たら、ちょっと気持ちよくなってしまった（笑）」

格闘家転向への素地《そじ》が垣間《かいま》見える。

「サッカーでもゴールキーパーだったからコンタクトはあったんです。コーナーキックとか、それこそ肉弾戦みたいなときもあるから。ただ、サッカーでやりすぎると、ラフプレーになってファウルをとられる。でも、アメフトだと合法的に倒せる(笑)。しかも、ドリブルじゃなくてボールを手に持って自由自在に動けるわけで。人をかわして抜くのも楽しかった。ゴールキーパーだったけど、足は速かったし、身動きは軽いほうだったんですよ」

日本では小中学校時代からアメフトをしていた選手は少ない。多くは高校どころか大学から始めるケースが一般的だ。ゆえに、初心者であることはあまりハンデにならなかった。フィジカルに恵まれ、運動神経も優れていた大策は、さほど時間をかけず、アメフト部の中心選手になった。

「そこからはアメフトにハマって、部員集めも率先してやって。最後は関西大会でも強豪といい勝負したんですよ」

それが関係者の目にとまり、複数の大学から誘いの声がかかり、高校卒業後もアメフトを続けた。

もう格闘家になるしかない

順調ともいえるアメフト人生。それが、なぜ格闘家に転向することになったのか。

「大学時代、寮の友達の部屋でＵＦＣ（アメリカの総合格闘技団体）の試合をたまたまテレビで見て。出てくる選手がみんな異次元の強さだし、エンターテインメント性もあってすげえな、カッコいいなと衝撃を受けたんです。その後も見続けているうちに、自分もやりたくなったんですよ」

進学した大学への志望理由は、アメフトが強いことよりも試合に出られそう、という点。加えて、就職も見越して教員免許を取得しやすいことを基準に選んだ。大策には堅実な一面もある。しかし、日に日に膨らんでいく格闘技への憧れは、そんな性格を一蹴。卒業にあたり将来、格闘技で食っていく道を選んだ。

「アメフトの実業団に就職できても、引退したらその会社の社員か……と考えたら、なんかそれもつまらないな、と感じたんです。それに、もともとトレーニングが大好きで、やればやるほど自分の体がたくましくなっていくことが喜びになりました。でも、アメフト部のコーチからは『フィジカルだけではダメ、技術も必要』と注意されて。その点、格闘技ならトレーニングをすればするほどホメられるんじゃないか、ホメられ続けるってサイコージゃないか、もう格闘家になるしかないって感じで、はい」

大策の話に冗談の色はゼロだ。格闘技だって技術がいらないわけではないだろう。真顔で極端なことを話す大策には、一種のタレント性を感じる。結果を出せばメディア人気にも火がつくかもしれない。

ともあれ、大策は格闘技の世界で生きることを決めた。入門時点でフィジカルだけは十分プロでもやっていけるレベル。本格的な試合デビューも早々に決まった。

「ただ、デビューが早かったからこそ、格闘技の難しさも感じました。受け身ひとつとっても奥が深い」

早いデビューとは裏腹に、そこからは一進一退。壁を乗り越えるために練習に励んだ。

ゲイだと気づいたのは、ちょうどその頃だった。

中性的なゲイ男子に感じたトキメキ

「団体のスタッフにゲイの方がいるんですけど、僕がトレーニング好きだから、その人のパーソナルトレーナー的なことをしていたんです。そしたら、ある日、練習後に

『（新宿）二丁目に行かない？』と言われて誘われるがままにお店に行ったら、「ガチムチタイプのゲイの肉体に目を奪われた」という。

「その肉体に憧れみたいなものを感じました。二丁目に通うようになるきっかけでしたね」

そして、運命の出会いが訪れる。

「ある店で、女性っぽい男性っていうのかな？　細身の中性的なゲイの人にドキッとしちゃったんです。今まで感じたことがないようなトキメキ」

高校は男子校だった。大学も一般の学生とは隔離されたようなアメフト一筋の生活。今いる格闘技の世界も入門からしばらくは練習漬けの日々。ゲイだと自覚する前は、何人かの女性と付き合ってもいたが、一〇代の頃から〝男〟と〝体育会〟の世界にどっぷり浸かって生きてきた。

「いわゆるホストみたいな男子と、ちゃんと会ったことがなかったんですね」

今まで味わったことがないような気持ちが抑えられない。気がついたらゲイの出会い系アプリに登録していた。

「ノリってわけじゃないんですけど、自分はいったいどっちなんだろう、と気になってきて。そしたら、やっぱり自分は男の体も……シモも好きだわーと思ってしまった」

当然のように、アプリを眺めているだけでは満足できなくなり、実際に何人もの男と会うことになった。

「そこからは、もう女性には興味がなくなりました」

体育会の悪い〝いじり〟

「好きなタイプは、華奢《きゃしゃ》でかわいい子。わかりやすく言えばジャニーズ系。山田涼介《りょうすけ》くんみたいな感じ、好きですね」

ゲイを自覚するきっかけとなった〝トキメキ〟は今も変わらない。現在のパートナーも、そんな細身の男性。夢を追いかける、楽しくも厳しい道のりを支えてくれる存在だ。

「ゲイっていうとガチムチ好きのイメージが強いからか、性格の悪い人は練習の着替え中なんかに僕と目が合ったら『こっち見んなよ！』とか言ってくるんです。みんな格闘家でガタイいいですからね。でも、僕からしたら『こっちにも好みがあんだよ！

お前なんか見てねえよ！』って感じ。ま、人によっては見ちゃうこともありますけど(笑)。でも、ノンケ同士だって見るときあるじゃないですか。その時点で、いじりが発生しているんですよ」

このやりとりからわかるように、大策はゲイであることを所属団体に告げている。そもそものきっかけが、ゲイのスタッフにそういうお店へ誘われたことも影響しているのだろう。

「ゲイもそうだし、ＬＧＢＴＱに理解のあるいい団体です」

ただ、家族に偏見の目が集まることを恐れて公表はＮＧ。家族にもカミングアウトはしていない。

「団体は理解があっても、個人となると偏見でからかってくる人はいます。自分はいいけど、家族がそういう目で見られたり揶揄《やゆ》されたりするのは悪いから。さっきの話もそうですけど、いじる人はやっぱりいじるんですよ。ちょっとならこっちも冗談として流せるんですけど、いじられすぎるとイラッとする」

たとえば、屈強なフィジカルの持ち主である同業者が集まる飲み会で「で、このなかで誰がタイプなの？」と振られる。

「『全員タイプじゃないです』と真面目に答えると、『フラれた気分だわー』とか言われる。ノンケの話としても、よくある話に聞こえるかもしれないんですけど、明らかにそれとは違う、からかいのニュアンスが入っていて……。面倒だから適当に『この人がタイプです』とか言うと、『じゃあ、キスしろよ』なんて流れになったり。嫌だから飲み会にはあまり行かなくなりました」

相手は軽い冗談のつもりだったのかもしれない。〝いじめ〟ではなく〝いじり〟だ、と。それこそ体育会のなかの、先輩後輩の、よくある話として。大策はそれをよく理解している。彼も大学までは、そんな世界にどっぷり浸かって生きてきたから。自分がゲイだと自覚して、それまで当然だったことが、人によっては嫌な感情を抱くこともあるということを、身をもって知った。

「こうした悪い体育会ノリに安易に乗っかるのはよくないことなんだ、とやられて初めてわかりました」

強さに性別は関係ない

第2話で述べたとおり、日本のスポーツ界は体育会というホモソーシャルな環境のもとで発展してきた。その価値観が〝昭和的〟と揶揄されることが増えた令和の時代であっても、長い時を経てスポーツ界に根付いたステレオタイプな体育会の文化は払いきれていない。日本のアスリートがLGBTQだとカミングアウトしている事例は数少なく、なかでもゲイ男性が皆無という状況は、その証左ともいえる。

コロナ禍による一年延期を経て二〇二一年に開催された東京オリンピック。すでにオリンピック憲章には性的指向に基づく差別の禁止が追記され、性の多様性が謳《うた》われており、性的マイノリティ参加選手数は史上最多となった。しかし、開催地である日本の参加選手のうち、明確にLGBTQを公表していた選手はゼロである。

また近年、かつては許されてきたパワハラに代表される態度・言動は、日本社会で非難の対象になっている。二〇一九年に成立し、二〇二〇年より大企業に対して義務として適用され、二〇二二年には中小企業で義務となった改正労働施策総合推進法、通称「パワハラ防止法」はその象徴である。「パワハラ」とは、「上司から部下へ」という権力勾配《こうばい》を背景に、業務の適正範囲を超えて相手に身体的・精神的な苦痛を与えたり、その職場環境を害したりすること。このような法律上のパワハラとは異なるが、旧来の体育会では厳格な上下関係を利用して上級生が下級生に無理難題を押しつける、いじめまがいのことをするといった行為がしばしば見られた。こうしたことも社会通念として許されない時代になっているだろう。だが、今でも大策がゲイであることをわかったうえで、「キャバクラ行こうぜ」と誘ってくる人間はいなくならない。

「本当に面倒くさい。でも、今は断ろうと思えば断れますから。大人でよかったな、と思います。高校や大学の体育会で『先輩の言うことは断れない』みたいな空気だったら、もっと苦痛だったでしょう」

ただ、大策が進む道は男子格闘技の世界。〝業界〟には、まだまだマチズモが幅を利かせている。そこで自らの性とのギャップに苦しむことはないのだろうか。

「まあ、アメフトのときも思いきってタックルにいけないと、『お前、女かよ！』とか言われましたもんね。でも、僕は闘争心と〝男らしさ〟とは別だと思っているんで。切り替えじゃないけど、試合になれば自然に『これは闘いだ！』とスイッチが入り、自分にハッパをかけて、魅せるところはきちんと魅せる。分けてやっている感じですよ」

言われてみれば当たり前だ。格闘家にも女性はいて、激しい闘いが繰り広げられている。「男だから」「女だから」という理由と、強いか弱いかは別の話だ。

ゲイであることを売りにはしない

「ゲイというと、テレビに出ているタレントさんや二丁目のイメージが強いのか、すぐ『女っぽい』とか『オネエ言葉を使う』とか思われがちだけど、いろんな人がいますから」

第3話でも「ゲイ＝女っぽい」というステレオタイプについて触れたが、「ゲイは女心がわかる」とメディアを通じて言われたりする。しかし、大策は「女心なんてわからない」と断言する。

「よく相談もされますけどね。男性が好きだけど、僕自身は男ですから。男が好きな男というだけであって、女性のことはわかりません。テレビや二丁目はエンターテインメントですよ。自分としては、あくまでフラットに触れてほしい。そうやって人付き合いできるほうが、いろいろラクだから」

だから、もし将来、プロ格闘技のエンターテインメントとして「ゲイを押し出せ」と誰かに言われても、拒むつもりだ。

「絶対に断ります。もう団体を辞めるかもしれない。そんな見世物扱い、タチの悪いいじりもいいところだし、ストレス。今の団体はそんなことはしないと思っていますけど」

　エンターテインメント性や人気、知名度の大切さは理解しているが、だからといってゲイであることを売りにはしない。自身の性に対する誇りと覚悟を感じる言葉である。


　日本において性的マイノリティは、マイノリティであるがゆえか、まだまだ奇異な目で見られがちだ。それこそ大策が危惧するような〝見世物〟のように。だが、世界に目を転ずると、スポーツの世界でも当たり前のように性的マイノリティが競技に集中できるコミュニティもある。監修者の岡田桂は、共著『スポーツとＬＧＢＴＱ＋』（岡田桂・山口理恵子・稲葉佳奈子著、晃洋書房、二〇二二年）の「スポーツにおけるＬＧＢ主流化とＴ（Ｑ＋）」で次のような例を紹介している。

　一九九〇年代、キックボクシングの一種であるムエタイで活躍したタイのパリンヤー・ジャルーンポンは、男性として生まれたが、性自認は女性、つまりはトランスジェンダーであるＭｔＦだった。一九九九年に性別適合手術を受けるが、その前からＭｔＦであることを隠さず、化粧をして男性部門のリングに上がり、勝利を収め続けた。強さもさることながら、化粧を施した女性的な姿に、相手選手にキスを送るといったパフォーマンスも含めて、タイでは絶大な人気を誇り、その生き様を描いた映画『ビューティフル ボーイ』（二〇〇五年日本公開）も製作された。

パリンヤーが周囲の目に心を惑わされず、格闘家として活躍できたのは、タイ社会には〝カトゥーイ〟という第三の性別（あるいは性別二元性にとらわれない別の区分）としてとらえる文化があったことが影響している。パリンヤーは早くからカトゥーイとしての自己を確立し、少なくともタイ国民はパリンヤーをそれほど奇異な存在とはみなさなかった。また、来日して日本人女子プロレスラーと異種格闘技戦を行うなど、日本でも話題を呼んだ。ただ正直なところ、当時は大策が言うところの〝見世物〟として消費された一面があったことは否めない。母国タイでの反応とは対照的である。

一方、MtFとしてサッカーの国家代表チームでプレーしたのがアメリカ領サモアのジャイヤ・サエルアである。サモア男子サッカー代表としてワールドカップ予選にも出場した。これは、トランスジェンダーを公言した選手がワールドカップに参加した最初の事例とされている。

サモアはアメリカ領ではあるが、歴史的・地理的にはポリネシア文化圏に属する。ポリネシアの社会には、古くから〝ファファフィネ〟というタイのカトゥーイに近いジェンダー的区分があり、人々に受け入れられてきた。サエルアも自身をファファフィネとして認識しており、それがごく当たり前のこととして育ち、生きてきた。本人によれば、サモアで暮らしている間は差別的な経験をしたことはなく、初めてそのような視線を浴びたのは、アメリカの大学システムによって運営されているハワイ大学のトライアウトを受験した際だったという。

パリンヤーやサエルアのエピソードは、ある意味、今後の社会・スポーツ界のあるべき姿を先取りしているようにも感じる。

「ゲイの芸能人が生き残っていくために、ゲイであることを押し出さなければいけない事情も理解できます。でも次の段階は、そういう姿ではないと思う。『ゲイなんですよ』『ああ、そうなんですか』くらいがベスト」

家族のことさえなければ、本当は自分も一〇〇%公表して活動したい。だから、早く世間の目が変わってほしいと思っている。

「僕はゲイと自覚して日が浅いので、LGBTQとそれをめぐる話題、問題について勉強中なんです。ただ、途中でよくわからなくなることもあるんですよ。『性って何なの?』みたいに。僕が男性を好きなのは確かだけど、究極は男性か女性かではなく、『その人がどうか』という話なんじゃないかなーって」

第5話

「女らしさ」からの逃避道場

「おはよー！　昨日の『ウリナリ』でさあ、あ、見た？」

教室に入るなり、カナコは幼なじみのユータを見つけると、いつもの調子で声をかけた。

「見た見た！」

ユータもいつもの調子で答える。周囲にはユータの男友達も二、三人集まっていた。カナコを中心に賑《にぎ》やかな輪が広まる。

カナコにとって、それは小学校時代と何ひとつ変わらない、朝の光景だった。

自分がスカートをはいているということ、賑やかなカナコたちの輪を遠くから刺すような視線で見ている女子の集団がいること以外は。

「……ん？」

視線を感じたカナコが女子の集団に目をやる。

なんだか怪訝《けげん》そうな顔をしている気もしたが、気のせいかな、と再び男子たちとの談笑に戻った。

「ぼく」とも「わたし」とも言いたくない

「あの子、男好きだよね」

宮田香奈子《かなこ》は、中学生になって間もなく、クラスでそんな陰口を叩かれるようになった。自分自身の振る舞い、友達付き合いは、小学生の頃と何ひとつ変わっていない。それなのに、なぜ？　疑問を感じた香奈子だが、陰口を叩くのは、みな中学で初めて同じ学校になった女子ばかり。同じ小学校出身のクラスメイトにとって、香奈子が大勢の男子と親しくしているのは、幼い頃から目にしていた光景。今さら奇異に映る話ではなかった。

「自我が目覚めたときには、女の子だからとスカートをはかせられるのが嫌で。幼稚園の制服も私服のズボンをはいて通っていました。遊びも女の子より男の子とボールを蹴って走り回ったりしていることが圧倒的に多くて。だから、自分としては男の子のなかにいるのは普通のこと。髪も短髪だったし、女の子のグループにいたことなんて、ほぼなかったですからね」

見た目は男の子そのものだった香奈子を、周囲のほとんどの大人は「ぼく」と呼びかけていたが、香奈子は自分のことを「ぼく」と言うのは嫌だったという。

「当時は自分のことを『ぼく』や『オレ』とは言いたくなかったんですよ。使うと私が女だって知っている友達は『お前、女じゃん』って冷やかすから。だからといって、当然ながら『わたし』も女っぽいから使いたくない。結局、自分のことを名前で呼んでいましたね」

胸が大きくなる第二次性徴前は、海パンで泳ぎに行ったこともあるという。

「だって、周りの男子がみんな海パンで、自分だけ女子用の水着って嫌じゃないですか。アハハハ。まあ、小さくてガリガリで、体型の変化も比較的遅かったんですよ。出るとこ出ていない。だから違和感もないし、恥ずかしくもなかった」

そんな香奈子だったから、幼なじみの女子たちは、彼女が男子とつるむことは恋愛感情と関係がないと理解していたのだ。ただ中学生になると、そんな友達付き合いにも周囲が〝常識的〟な視線を突き刺してくるようになる。

「嫌々ながら女子とも遊ぶようになって、それっぽいこともするようになりましたよ。『男子の誰が好き?』なんて話もいっしょに盛り上がったふりをして合わせたり。面倒でしたけど、しょうがないかって。当時は人の目も気になってきた年頃でしたから」

香奈子は今も自分の性のあり方について「厳密にはよくわからない」と言う。

「トランスジェンダーのように思われるかもしれませんが、私としては違う。男になりたい、という願望はないんですよ。でも、恋愛対象はあくまで女性だからレズビアンかな、と思うんです。でも、自覚する前は男性と付き合ったこともあるし、セックスもできました。その意味ではバイセクシュアルかもしれないけど、恋愛感情はないからどうなんだろう、という気がするし。Qってことになるんですかね」

LGBTQの「Q」は、「クィア（Queer）＝性的マイノリティの総称」、すなわちLGBTでは分類できない性的マイノリティが存在するという意味が込められている。あるいは、「クエスチョニング（Questioning）＝自分の性のあり方がわからない、決められない」を示すケースもある。香奈子もそういったタイプなのだろうか。

女子剣道部のシゴキにも耐えた

男女の性別関係なく、素直に自分の感情や好みに従って生きていた幼少時代の香奈子。幸いなことに両親もそれを尊重してくれた。「男勝りな元気のいい女の子」として小学生の頃は楽しく過ごせた。しかし、年齢を重ねていくと、社会がそれを許してくれなくなる。香奈子は何も変わっていないのに。それでも彼女は、抑圧に耐えられなくなるといったことはなかった。

「あの頃の社会は、今ほど自由に生きるという選択肢がなく、義務感という感じで女をやっていた感覚ではありました。そうしなくてはいけない、みたいな。だから私、我慢強いのかもしれませんね。剣道って基本的に楽しくない練習が多いから、忍耐力が養われるんですよ。アハハ」

そう、彼女のもうひとつの顔は、剣道の有段者。幼い頃から剣の道の〝修行〟に励み、高校、大学も剣道の腕を買われて進学を決めた。そんな体育会の世界は、彼女にとって厳しくも心地よい時間を過ごせた思い出として残っている。

「剣道を始めたのは小一。喘息《ぜんそく》持ちだったんですが、近所に剣道を始めてから症状がよくなった子がいて。それで始めたら向いていたみたいで、試合でもけっこう勝てたんです。九州の大きな街の育ちなんですが、市内大会でも上位に入って。もちろん喘息もよくなりましたよ」

もともと男子と活発に遊んでいた香奈子は、運動神経も悪くなく、メキメキと腕を上げていった。だが、中学では剣道部に入部せずソフトボール部を選ぶ。

「剣道と同時に男子に交ざって野球もしていたんです。男子とのボール遊びの延長ですね。そっちも楽しくて、中学の剣道部は人数が少なくてあまり熱心に活動している感じではなかったから、ソフトボール部を選びました。今だったら女子野球チームを探していたかも」

だが、小学校時代の香奈子が剣道の強者《つわもの》であることは地域では有名な話だった。弱小だった中学の剣道部が人数不足ということもあり、香奈子が二年生になると、最後の大会まで試合だけでいいから来てほしいと懇願してきた。いわゆる助っ人である。稽古の厳しさはつらかったが、剣道自体は好きだった香奈子は、ソフト部の顧問の許可を得て申し入れを受け入れる。そうやって大会に出場すると、香奈子はあっさり地区予選を勝ち抜いてしまった。やはり剣の才能に恵まれていたのだろう。さらに驚かされるのは、助っ人参加にもかかわらず、大会を終えると複数の剣道強豪校からスカウトの声もかかった。

「結局、そのなかから特待生としての条件がよい高校を選びました。家が特別、裕福でもなかったのでお金がかからないのはありがたいし、勉強も苦手だったからそれでいいかなーと」

その高校は体育コースがあり、剣道以外のスポーツも盛んだった。実際、香奈子の同級生にも野球やサッカーを筆頭に、プロや将来のオリンピック出場を志して入学してきた生徒が多かった。当然、練習は厳しく、上下関係はさらに厳しかった。

「最初はギャップもありましたよ。入学前の春休みから練習に参加しろと家に電話が来たり。上下関係も中学は緩かったから大変。中学の剣道部は助っ人参加だったので、先輩はおろか同級生にも見知った子がいない。何度もやめようと思いました」

伸び伸びとスポーツを楽しんできた香奈子にとっては、初めて経験することばかり。一日一日を過ごすことだけでもハードだった。

「ふだんの日も早朝から練習。一年生は掃除もあるので基本、一時間前集合です。練習終了後も、片付けや掃除は三年生が全員帰ってからじゃないと始めてはいけない謎ルールがあって。私はこうした典型的な体育会の上下関係に慣れていなかったので、大変でした。『これ、剣道と関係ないじゃん!』と不満でしたね」

いわゆる〝シゴキ〟もあった。

「〝掛かり稽古〟という剣道では定番の練習があって。打ち手と受け手に分かれて、打ち手がひたすら剣を打ち込んでいくのですが、先輩が受け手になると永遠に終わらないのではないか、というくらい打ち込みをさせられる。バテて動きが鈍くなると、受け手や周囲の先輩たちにハッパをかけられたり、前に押されたり。しかも陰険で、先生がいるときはそんなことやらないんですよ」

後輩イビリは、男子より女子のほうがタチが悪かった。

「練習の準備や掃除とか、剣道以外の部分でもミスがあると怒られるわけですけど、何のどこが悪いか言ってくれない。ただ、『なってない』『こんなことあったけど、やったの誰？』と言われるだけ。どうしろと……という気持ちでしたよ。『これはダメ』とか『お前はこうだからダメ』とか言われるほうが、まだ気持ちがラク。少なくともウチでは、女子のほうがかなりネチネチした後輩イビリをしていました」

それでもやめなかったのは、親に「もうちょっと頑張ってみたら」と励まされたのと、剣道自体は好きだったから。そんな生活にも慣れ、上級生になると香奈子は大会でも結果を残していく。最終的には九州大会にも進出。高校剣道でもきっちりと結果を残した。それを手土産に香奈子は大学も剣道のスポーツ推薦で進学する。ただし、全国トップレベルの強豪ではなく、高校と比較していくぶんレベルが低く、部の雰囲気も緩い大学だった。

キラキラ女子大生に合わせるストレス

「教師か警察官になりたかったので、教員免許を取得しやすい大学を選んだんです。教師は部活、警察官は訓練で剣道にもかかわっていける道もありますから。それに高校がハードすぎたので（笑）、ガチガチではない大学がよかった」

何がなんでも上を目指すというよりも、剣道を楽しくできればいいというタイプだった香奈子にとって、進学した大学の剣道部の雰囲気は水があった。ひとり暮らしを始め、自由な時間も増えたことで、いわゆる〝コンパ〟など高校では縁がなかった遊びにも足を運べるようになる。すると、あることに気づいた。

「部活が緩いから、私みたいに強豪校から来た選手のなかには大学デビューみたいな感じで、どんどんキラキラしていく女子が増えてきたんですよ」

そして、中学進学直後の、あの〝合わせる〟感じを再び強いられる場面が増えた。

「今、思えば高校時代はめちゃくちゃしんどかったけど、女子剣道部といっても、わかりやすい女っぽさを求められなかったので、その点はラクだったんだなあ、と。体育コースって、よくも悪くも男女の垣根が低くて。男子はクラスの女子を誰も女の子扱いしてくれませんからね（笑）。モテる男子、遊び好きの男子もたくさんいましたけど、彼女はほとんど他校の子だったし。体育コースの女子はバリバリのアスリートですから、男子から見たら同性に近い感覚だったんじゃないですかね」

剣道は楽しくできるが、別のストレスもあった大学時代。日本の体育会でいまだ支配的なマチズモ的価値観がゲイのアスリートにとって苦痛になることは、本書にここまで登場した人物たちが述べてきた。だが、第一線の選手として全国レベルの部で活動していた——体育会のど真ん中で過ごしていた高校時代の香奈子にとって、体育会は凝り固まった女性像を押しつけられることから逃れられる場所として機能したといえる（これが、いわゆる〝女子マネ〟だったら、話はまた違っただろう）。

一瞬で恋に落ちた相手

翻《ひるがえ》ってジェンダー的な抑圧もあった大学の剣道部だが、活動がハードではない分、高校時代ほどの時間的拘束はない。そうしたなかで香奈子は、かねて疑問に思っていた自分の性についてネットで調べるようになった。そして、自分はレズビアンなのかもしれないという結論に至る。

「中学でも高校でも、男子と付き合ったことはあるんですよ。〝合わせる〟一環というか、『そうしなきゃいけないのかな』みたいな感じだったので、恋愛感情というものはなかったと思います」

そこで、レズビアンが集うネットの掲示板を利用して、なんとなく「いいな」と思った女性と連絡を取り合い、会ってみることにした。すると、今までにない感情に包まれた。

「会う日までのドキドキする具合が、男子と付き合ったときと全然違うんですよ。ホント、まるっきり違う。『これが恋愛か！』と種類の違う満足感を得たというんでしょうか。思い返してみれば、中学でも高校でもドキッとした女子はいたんですよね。『この子、かわいい！』とときめいたり。でも、恋愛的な行動に移すことはなかった。友達として好きなんだ、と勝手に思い込もうとしていたような気がします」

それもまた、剣道の〝修行〟で培った忍耐力や自制心がそうさせたのか。

「キレイ系よりも、かわいい系、清楚な感じがする女性が好みなんです。芸能人なら宮崎あおいとか」

現れた相手は、まさにそんなタイプの、年下の女性だった。香奈子は一瞬で恋に落ちた。相手も香奈子のようなボーイッシュな女性が好みだった。以来、一〇年以上、二人はパートナーとして同じ時間を過ごしている。

「今のパートナーと出会って以降、男性と恋愛関係になったことはありません。だから、やっぱり私はレズビアンだと思います。でも、男性との恋愛や肉体関係を経てそうだと気づいた私は、純粋な……と言えばいいのかな？　男性との経験がまったくないレズビアンの人には『男とヤッたことがある時点で、そうじゃない』と認めてもらえないことがある。今のパートナーとの関係や状況、何より自分の心情としてはレズビアンだと思っているんですけどね」

なぜレズビアンだと言いきれないのか

レズビアンにはゲイやバイセクシュアル、トランスジェンダーとはまた異なる、独特の歴史的背景や事情がある。

そもそも男性優位の旧来的な社会における女性は、男性の性的欲望の対象という役割を割り当てられ、妻・恋人として所有される対象に置かれてきた。そのなかでは、「男性に興味がなく、性的な関心を抑制していること」が「女性らしい振る舞い」とされるわけだ。いわゆる〝おしとやか〟や〝ウブ〟といった言葉で表現される女性が、男性から評価される図式を想像するとわかりやすいかもしれない。

逆にいえば、そうしたマチズモ的な社会において男性を性的対象として選別し、男性に性的欲望を向け、男性を所有しようとする（ように男性からは見える）女性は嫌われる。常に、性的欲望を持つ主体は男性であって、女性はその欲望の客体でなければならない。

よって、レズビアン＝性的欲望の主体として女性を客体化する女性ということになり、〝都合の悪い〟存在と見なされてきたのだ[*1]（なお、ゲイ＝男性を性的客体にする男性ということにもなり、同性愛者は総じて嫌悪された）。

加えて、森山至貴《のりたか》著『LGBTを読みとく――クィア・スタディーズ入門』（ちくま新書、二〇一七年）によれば、レズビアンはフェミニズムから批判を浴びることもあった。

一九七〇年代のアメリカのフェミニズム運動において、レズビアンが「ラベンダー色の脅威」として排除されていた歴史的経緯もあります。異性愛男性の女性差別を問題視したフェミニズム運動は、女性を欲望の対象とするレズビアンもまた彼らと同様に女性を支配しようとする欲望をもっており、フェミニズムの「敵」だと考えたのです。[*2]

さらにフェミニストの一部は、いわゆる〝男役〟と〝女役〟に分かれるレズビアンは旧来的な〝男らしさ〟〝女らしさ〟を模倣していると主張。女性解放を妨げる存在として敵視し、両者の間で対立が深まった時代もあった。[*3] もっとも同書によると、現在のフェミニズムではレズビアンを敵ととらえるのは差別的だとする考え方が主流だというが、いずれにせよレズビアンは複雑な立場に置かれてきたといえる。香奈子が自身の性のあり方について口ごもるのは、レズビアンをめぐるこうした歴史も影響しているのだろうか。

忍耐力がいらない暮らし

レズビアン同士の微妙な関係について香奈子は穏やかに話すが、同じレズビアンからの「あなたはそうじゃない」という指摘に反発するときもあるのか。

「反発？　うーん、『そうっすか？（笑）』みたいな反応で済ませちゃうことが多いかな。その人がそう思うなら、それはそれで別にいいや、と。パートナーとの信頼関係があれば、自分にとってどう名乗るかは関係ない。自分は自分。それが大切」

それも剣道で鍛えた精神力のなせる業《わざ》か。

「いや、関係ないんじゃないですか。最近ですよ。それこそ彼女と付き合うようになってから。周囲に合わせるため、無理をしてかわいらしい服を着ることもほとんどなくなったんです。そうなると私の場合、オシャレをしようとすればするほど男っぽい格好になっちゃうんですけど、彼女はそれが好み。自分の好きにしていいんだ、って気持ちになれます。本当の意味で、初めての交際相手かもしれない」

警官の道は身長が足りず、教員の道は〝大学デビュー〟で青春を取り戻した代償として教職課程の単位を取り逃してしまい、それぞれ諦めた。ただ、サービス業の会社に新卒採用され、コツコツと働き続けている。パートナーも今では金融機関の会社員だ。全国優勝を目指して剣道に打ち込んだ日々からすれば、平凡すぎるほど平凡な日常。それでも愛し合えるパートナーとの暮らしに、香奈子はこれまでの人生で最も幸せを感じている。ただ、二人がレズビアンであることを、二人の両親はともに知らない。

「誰と誰が結婚したとか、子どもができたとか、親は人並みに話してきますよ。罪悪感がないわけではないです。うまくスルーはしてますけど」

二人の本当の関係は知らないが、長く同居していること自体は両家の知るところ。互いの実家に遊びに行くこともある。

「いっしょに暮らし始めてからもずいぶん時間が経ったし、もう添い遂げられたら、という気持ちですね。今後も家族にカミングアウトをするつもりはありません。特に理由はないですが、わざわざ言う必要もないかなって。仲のいい友達と思っているみたいですしね」

剣道も趣味としてたまに竹刀を振る程度には続けている。頼まれて地域の小学生にコーチをしたこともあった。教師や警察官として剣道を続ける道はなくなった。だが、今くらいの距離感のほうが剣道を嫌いにならないで済むと感じている。得意の忍耐力を発揮しなくてもいい暮らしを、香奈子は手に入れたのだ。

＊１　石田仁「レズビアンを表明しにくい社会の構造」（『はじめて学ぶＬＧＢＴ　基礎からトレンドまで』石田仁著、ナツメ社、二〇一九年）
＊２　森山至貴「レズビアン／ゲイの歴史」（『ＬＧＢＴを読みとく——クィア・スタディーズ入門』森山至貴著、ちくま新書、二〇一七年）
＊３　＊１と同

第6話

あいまいな「メンズ」の選択

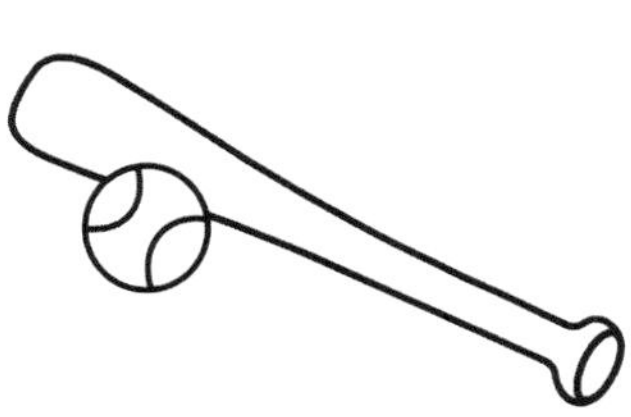

マウンドに立つピッチャーが、ゆったりとしたモーションからボールを投じた。

糸を引くようにキャッチャーのミットに吸い込まれる速球。

「ストライク！」

審判が大きな声で判定をコールする。

（速い……けど）

打席のトモヒロはついていけないことはないと、打席を外して軽く素振りをした。

（オレは全国大会を勝ち上がったんだ）

ピッチャーが再び投球モーションに入る。

タイミングさえ合えば、と打席のトモヒロはスイングの始動を気持ち早めで対処する。

（ここだ！）

振り出したバットは外角低めの速球をとらえた……つもりだった。

当てるタイミングは悪くなかったが、トモヒロの打球は力なく内野に転がった。ボテボテのサードゴロ。全力疾走むなしく、トモヒロは凡退した。その手には、これまで経験したことがないほどのしびれが残っていた。

（パワーがぜんぜん足りない……）

トモヒロは生まれ変わった自分の立ち位置を、あらためて感じた。

野球を続けるか、性別を変えるか

松本智広《ともひろ》はＦｔＭの元女子野球選手だ。ＦｔＭ（Female to Male）とは出生時に割り当てられた性別が女性で、ジェンダーアイデンティティ（性自認）が男性のトランスジェンダーを意味する。同様に逆のケースのトランスジェンダーはＭｔＦ（Male to Female）と呼ばれる。

日焼けした肌によく似合うベリーショートの髪型。男性としては身長こそ低い部類に入るものの、引き締まった筋肉をまとった精悍《せいかん》なルックスからは、元アスリートであることが濃厚に伝わってくる。ホルモン治療、子宮・卵巣の摘出といった性別適合手術を経て、戸籍を変更したのは選手引退後。今は男性としての人生を歩んでいる。

なお、ＦｔＭのアスリートは男性ホルモンを注射しても、いきなりフィジカルがシスジェンダー（出生時に割り当てられた性別とジェンダーアイデンティティが一致する人）の男性アスリートと同じレベルになるわけではない。治療後にアスリートとして活動する場合、一般人のレクリエーションスポーツならまだしも、競技スポーツでトップを争うのはかなり困難である。少なくとも現在は。その現実を智広は身をもって痛感している。自らが「野球をとるか、体も戸籍も性別を変えることをとるか」という選択を迫られ、後者を選んだ元アスリートだからだ。

智広のようなトランスジェンダーのアスリートの活動については、近年さまざまな議論が交わされている。たとえば、二〇二一年の東京オリンピックでも議論が巻き起こった。

コロナ禍での開催に、何かと競技以外の話題が取り沙汰された大会だったが、その陰で五輪史上、例のない事態が発生していた。それは、トランスジェンダー選手の出場。ウエイトリフティング（重量挙げ）女子八七キログラム超級にＭｔＦの選手、四三歳（当時）のローレル・ハバード（ニュージーランド）が出場したのだ。ハバードはトランスジェンダーを公表している選手として初めて、出生時とは異なる性別でオリンピックに出場した選手となった。

ハバードはもともと男子のウエイトリフティング選手だったが、二〇一三年に性別を移行し、二〇一七年に女性となって初めての競技会に出場。世界選手権で銀メダルを獲得する活躍を見せた。新時代の到来としてハバードには温かい拍手が送られたが、一方で「生物学的に有利であり不公平」という声も出た。

第二次性徴期を経過したシスジェンダーの男性は、骨密度や筋肉量が女性より高くなるのが一般的だ。その点で、三〇歳を過ぎて女性に性別変更したハバードは生物学的に有利ではないか、というわけである。ハバードと同階級の有力選手だったアンナ・ヴァンベリンゲン（ベルギー）は、『ＢＢＣニュース』同年六月二一日のウェブ記事で[*1]「もしハバードが五輪に出場となれば女性にとって不公平で、悪い冗談のようなもの」と発言した。二〇一九年にサモアで開催されたパシフィックゲームズという大会では、ハバードが地元選手を破って優勝。サモアでは怒りの声も上がった。

ハバードを代表選手として選出したニュージーランドのオリンピック委員会や政府は、当然ながらハバードのオリンピック出場を支持する立場だ。ただ、東京オリンピックに出場できるのは各階級一カ国一選手。ハバードの出場でオリンピック出場の栄誉を逃した選手もいる。先述のＢＢＣの記事では、ニュージーランド・オリンピック委員会がハバードを支持する一方、「スポーツにおける性自認は非常にセンシティブで複雑な問題であり、競技の場における人権と公平性のバランスが必要であることを我々は認識している」とコメント。そしてハバード自身は、オリンピック出場決定について「多くのニュージーランド人が私に与えてくれた優しさと支援に感謝しており、恐縮する思い」と述べた。

東京オリンピックでのハバードは、スナッチ（ウエイトリフティング種目のひとつで、両手でバーベルを握り、一気に頭上まで持ち上げて立ち上がる競技）の一回目で一二五キログラムに挑んで失敗。残る二回も同じく一二五キログラムを失敗。結局、記録なしに終わった。

スカートが嫌いな女の子

「そうですね……射撃のような競技なら、あまり問題にならないかもしれないですけど……。もしかしたら、男子、女子のほかにトランスジェンダー部門、あるいは男女混合部門があればいいのかもしれませんが、現状、大会としてはなかなか成立しないでしょう。それだけの選手数が集まるとは思えませんから」

ハバードの話を聞いた智広は、そう答えた。確かに、仮にトランスジェンダー部門が設けられたとしても、出場する選手は複雑な思いを拭い捨てられないような気もする。本心では「男子」「女子」のカテゴリーに出場したいはずだからだ。トランスジェンダーの多くは、幼い頃から自身の性別に違和感を抱き、いつしか「男として生きたい」「女として生きたい」と願うようになる。北陸の中核都市に生まれた智広も、物心がつく頃から男の子と活発に遊ぶ〝女の子〟だった。

「野球も親にやらされたわけではなく、遊びのひとつとして好きになった感じです。幼稚園くらいの頃から公園でお兄ちゃんとキャッチボールをしたりして。二人とも野球が好きだったから、プロ野球観戦が目的の家族旅行にも連れていってもらいました。だから、小学生になると、当然のように近所の野球チームに入ったんです」

男女間の体力差が少なく、思春期はまだまだ先の幼少時代、男子と女子がいっしょに遊ぶのは、それほど珍しい光景ではない。ただ、智広はＦｔＭである自覚はまだなかったが、自分が女性であることに、すでに違和感を覚えていた。

「当然ながら女の子として育てられたわけですが、とにかくスカートをはきたくなくて。だからいつもズボンをはいていました」

当時は親も「この子はスカートが嫌いなのね」くらいの反応。「活発な女の子」と、特にそれを訝《いぶか》しむことはなかった。野球に関しても、女子野球の存在が知られるようになり、男女混合の小学生チームが当たり前になりつつあった時代。一般的に男子よりも女子のほうが成長が早いため、小学生チームでは女子が中心選手になることも珍しくない。智広は最上級生となりレギュラーをつかんだが、それもまたよくあることである。

「運動神経はよかったですね。足が速くて運動会ではリレー選手。野球でも足の速さを生かして外野を守り、一番や二番を打っていました」

プレーで女を忘れられた

ただ、中学生になると徐々にフィジカルの男女差が大きくなってくる。野球の場合、中学ではまだ男女混合でプレーするケースは多く、そのなかで活躍する女子も少なくない。だが、高校以上は制度の問題もあり、男子・女子に分かれる、あるいは女子はソフトボールに転向するのが一般的だ。日本で絶大な人気を誇る「甲子園」大会、高校野球では男女混合のチームは認められていない。


智広は中学進学にあたり、プレーの場として女子野球のクラブチームを選んだ。中学生といえば思春期と第二次性徴期のまっただ中。身体的に〝女性〟であることを意識し、異性への興味が高まる年頃だが、智広は野球一筋。今振り返ってみれば、そこにはFtMであったことも影響していたのだろうが、本人にその自覚はなかった。

「本当に何も考えてなくて、ただただ野球が好き、という気持ちだけ。女であることとか、あまり気にしていなかったというか。『女子？』と言われれば、『まあ、女子だな』みたいな。生理も始まったのですが、面倒くさいジャマなもの、みたいに感じていました。意味もよくわからないし、『いらねぇな』って（笑）。そんなに重くなかったからかもしれないですけどね」

異性への恋の芽生えも特になかった。

「男女ともに友達が多かったから、普通にどっちとも遊んでいました。まあ、でも中学くらいからは基本は女子とだったかな。だから、初恋みたいなこともなくて、みーんな友達って感じ」

スカート嫌いは相変わらず。今のようにスカートかパンツか選べるような時代でもない。気をつかうのが面倒で、いつもスカートの下に体操着のズボンをはいていた。

「さすがに入学式や卒業式では、はかなかったけど」

学校では本人の意思とはかかわらず〝女〟を押しつけられるシーンが増えてきたが、野球は順調そのものだった。智広にとっては、ある意味、〝女〟を忘れられる開放的な時間だったのかもしれない。

チームの練習は厳しく、レベルも高かったが、人数がそれほど多くないこともあり、一年からレギュラーになった。キツい練習に堪えかねて「やめたい」と思ったこともあったが、あくまで一時的なもの。野球そのものを嫌いになることはなかった。得意のスピードを生かしたプレーでダイヤモンドを駆け回り、相手を翻弄《ほんろう》するのが気持ちよく楽しい。大好きな野球を「もっと極めたい」という気持ちが湧いてくるのは当然のことだった。

「それで、中学時代の監督の薦めで、高校は他県にある女子野球の強豪校に進学することにしました。『自分の実力を試したいなら、強い高校にしてみたらどうだ?』という監督の言葉に心を動かされたんです。ある程度、自信もあったので、どこまでやれるか挑戦してみようと」

女子校であるその高校で、智広は初めて自分の性を意識することになる。

FtMの選手は普通にいた

「入部して先輩や同級生の様子を見ていたり、話を聞いていたりすると、FtMの人が何人かいることがわかったんです。それまでの自分は男子に対する恋愛感情も湧かず、性欲もなかった。野球さえできていればよかったから、それをあまり気にしていなかったのですが、僕も『自分はFtMなんだな』と自覚するようになり、ある意味、スッキリもしました」

ただ、だからといって何かが劇的に変わるわけではなかった。あくまで「ＦｔＭなんだ」と自覚しただけで、生活の中心はあくまで野球。朝練に放課後の練習、夜の自主練習。全国制覇を目指し、ひたすらボールを追った。気がつけば下級生時代からベンチ入りメンバーとなり、三年生ではレギュラーとして全国大会でも活躍した。

男子の場合、そんなスポーツ強豪校にはマッチョな選手も多い。本書で登場するゲイのアスリートは「バレたらからかわれる、人生が終わる」と自身の性を隠していたケースが多く、その点でほとんどの選手は孤独だった。しかし、智広は違った。

「僕がＦｔＭを他の部員の話で知ったことが何よりも象徴的ですが、周囲は『あ、そうなんだ』くらいの感覚で、話すこともタブーではないんです。ＦｔＭの人は先輩にも他チームにもいる。普通にいる感じなんですよ。彼女がいる人もいたし」

それにしても驚くのは、男子の体育会、運動部におけるホモソーシャルな空気とは一線を画す女子スポーツ界の、ある種のおおらかさである。性的マイノリティをチーム内では「そういうタイプの人もいるよね」と半ば当然のように認識している。その点で興味深いのが日本の女子サッカー界にある〝メンズ〟と呼ばれる文化だ。

監修者の岡田桂と共に『スポーツとＬＧＢＴＱ＋』（晃洋書房、二〇二二年）を著した稲葉佳奈子によれば、メンズとは、日本の女子サッカー界で前述したような〝ボーイッシュ〟〝男っぽい〟ルックスやキャラクターの選手を、主に競技者間で認知するカテゴリーのようなもの。＊2いつ頃、何を理由に生まれた言葉・カテゴリーかは不明だが、遅くとも一九九〇年代後半には関東地方において発生していたとされる。ただ、そういった現象や文化は、それ以前より女子スポーツ界、あるいは女子校で存在したのではないか。そう思うのは、スポーツライターである著者自身の取材経験を通じて、いくつか似た例を耳にしたからだ。そんな文化がいつしかメンズと呼ばれるようになったのだろう。

女子サッカー界においてメンズは、誰かが「メンズとは」とレクチャーするような類いのものではなく、チーム、あるいは親しい競技仲間にすでにメンズがいて、その意味や条件を〝なんとなく〟知っていくケースが多い。稲葉は、ＬＧＢＴＱという言葉が普及して以降もメンズという言葉と文化が廃《すた》れなかったのは、性別やジェンダーの境界線をまたぐ〝あいまい〟なカテゴリーであったことが理由のひとつではないかと推察している。

ＬＧＢＴＱアスリートの多くは、一〇代から二〇代にかけて自身の性自認についての葛藤を経験している。

自分は男なのか、女なのか。

その問いに対して明確な答えを出すのは大きな決断だろう。結果によっては、オリンピックを筆頭とする大会のカテゴリーにかかわってくるからだ。そうでなくても、まだ閉鎖的な日本のスポーツ界においては、奇異な目で見られる可能性もある。それが選手活動の支障になるのは、アスリートとしては避けたいのが当然だ。

そんなとき、メンズというあいまいなカテゴリーは、葛藤や問いをいったん保留にし、競技に集中できる精神を整える〝よい落としどころ〟のようにも感じる。実際、稲葉の論考[*3]では、同性のパートナーがいることを公表した女子サッカー選手で社会起業家の下山田《しもやまだ》志帆が、「女子サッカー界ではメンズであることの居心地がいいため、カミングアウトしたい選手はいないのではないか」と話していたと記されている。

このメンズ文化と同様の状況は、そう名状されていないだけで、女子サッカー以外の日本の女子スポーツ、特に強豪と呼ばれるようなチームにも大なり小なりあるのではないだろうか。女子野球界でも、智広の発言を聞けばそれがうかがえる。

引退して性別適合手術を決断

「ただ、『ＦｔＭなのかな？』と思った子も、卒業して何年かすると男性と結婚して子どもを産んでいたりしますからね。ＦｔＭと付き合っていた子も、レズなのかノンケなのか、よくわからないことがあったし」

いずれにせよ、智広はＦｔＭという存在が自然に受け入れられる環境に身を置いていたことに間違いなさそうだ。

「野球部の監督もＦｔＭに対して偏見や蔑視はなく、当たり前のように接してくれました。手術後も挨拶に行ったのですが、『あ、そう』くらいの反応。監督は女性だったし、ベテランだから、それまでもＦｔＭの子をたくさん見てきて理解があるのだと思います。その意味では、少なくとも僕はＦｔＭであることで悩んだ経験はなかったですね」

そんな環境のなかで、智広も生まれて初めて〝彼女〟ができるなど、プライベートでも充実した高校時代を送った。だからこそ、卒業後のことを真剣に考えるようになった。

「先輩のなかには卒業後、治療・手術を行い、戸籍も男性にした人がいて。自分も将来どうしようかな……と考えるようになりました」

まだまだ野球は極めたい。その頃には女子プロ野球も誕生しており、さらに上の世界を目指すこともできた。一方で、ＦｔＭゆえの〝女性〟として生きることへの窮屈さ、面倒くささから解放されたいという思いもあった。

「ホルモン治療や子宮・卵巣の摘出など性別適合手術は、若いうちにしたほうが体の負担やリスクが少ないんです。ただ、治療をして戸籍も男性にしてしまえば、女子野球選手としてプレーできなくなる。まあ、実際は治療後もこっそり女子としてプレーしている選手もいるのですが、僕はそれに違和感がありました」

究極のようにも思える選択を迫られた智広。しかし、結論を出すのは早かった。

「やっぱり女性ではなく男性として生きたい、という気持ちのほうが強かったんです。だから、大学四年まで女子野球をプレーして、そこで選手はキッパリ引退。治療を始めると決めました」

高校卒業後に女子プロ野球に挑戦する道もあったが、選手引退後の人生も考え、大学で就職に役立つ勉強もしたかった。プロ野球の世界が確立している男子に比べ、女子プロ野球は組織の基盤が盤石ではなく、立場や収入も不安定。進路として考えた場合、慎重になる選手がいてもおかしくはない。実際、二〇二一年にＪＷＢＬ（日本女子プロ野球機構）は事実上の消滅状態になった。ＪＷＢＬの消滅と入れ替わるように、巨人、阪神、西武というプロ球団がレディースチームを創設するようになったが、それはあくまでもクラブチームである。

ただ見方を変えれば、治療後に男子として何かしらの形で選手を続ける道もあったのではないだろうか。

「はい。それは自分も考えて、治療後、試しに男子の草野球に参加してみたんですよ。でも正直なところ、力の差を感じました。投手のストレートには明らかに力負けしてしまい、強い打球を飛ばせない。これは通用しないな、と。だから、選手としての活動はスパッと諦めました。女子野球では上のレベルの選手という自負はあったから、男子としてプレーして上手なほうに入れない自分が嫌になりそうだったので……」

トップを目指せないなら、プレーをする意味がない。それは女子野球の第一線で戦ってきた智広なりの矜持《きょうじ》なのかもしれない。

取材の最後、智広にひとつ質問してみた。「もし、自分がオリンピックのメダル候補とされる女子選手だったら治療をするか？」と。

「うーん……もし年齢が二〇代前半だったら、出場後に治療をします。ただ、二〇代後半だったら……治療のためにオリンピックは諦めざるを得ない、となるかな。そう考えると、今までもオリンピックのために治療を諦めた選手がいたかもしれないし、逆にオリンピックを諦めた選手もいたのかもしれませんね」

前述のオリンピック初となったトランスジェンダー選手であるMtFのローレル・ハバードは、東京オリンピックの参加選手規定をクリアしての出場だった。その規定内容は、「競技に先立つ少なくとも一二カ月以前より継続的に血中のテストステロン濃度の値が一〇nmol/L以下であること」。テストステロンとは男性ホルモン（アンドロゲン）のひとつで、筋肉の発達や強さに作用する。

こうした規定をめぐっては、ロンドンとリオデジャネイロのオリンピック陸上女子八〇〇メートル走で二大会連続の金メダルを獲得しつつも、性別疑惑をかけられたキャスター・セメンヤ（南アフリカ）が抗議の法廷闘争を行った。セメンヤは検査の結果、性分化疾患（DSD）のひとつであるアンドロゲン過剰症（体内で女性の平均を大きく上回る値のテストステロンが生成される体質）であることが判明している。

一方、国際オリンピック委員会（IOC）は、智広のようなFtMのアスリートが男性種目に出場することに関して特別な規定を設けていない。智広の証言と経験を考えると、それは当然といえば当然だろう。

ダイバーシティ時代におけるスポーツの性別カテゴリー分けは、「身体の公平とは何か？」という問いを世界に与えた。その議論はまだ始まったばかりである。

＊1 「トランスジェンダー選手が東京五輪代表に、五輪出場は史上初 『不公平』と物議も」（『BBC NEWS JAPAN』二〇二一年六月二一日配信）https://www.bbc.com/japanese/57550038
＊2 稲葉佳奈子「女子サッカーにおける『メンズ』文化」（『スポーツとLGBTQ＋』岡田桂・山口理恵子・稲葉佳奈子著、晃洋書房、二〇二二年）
＊3 同前

第7話

「大切な仲間」についたウソ

「阪神、調子ええな」

コウシは電車のなかに吊られているプロ野球の広告を見て、そうつぶやいた。

「やっぱマートンと城島《じょうじま》がデカいって」

傍らの友人らしき男がごく自然に言葉を返す。

窓の外、流れる景色は日が傾き始めている。電車の中でプロ野球の話題で盛り上がる学校帰りの高校生たち。丸刈りの精悍《せいかん》な体つき。校名が入った揃いのバッグを持っている。ひと目で野球部とわかる集団だ。

電車がベッドタウンの駅に着いた。その集団からひとり、髪の長い少年――コウシが電車を降りていく。

「頑張ってな」

ホームに降り立ったコウシは、振り返って友人にそう声をかけた。

「おお、ありがとう」

扉が閉まり、電車は郊外の町へと走り出した。

コウシはそれを見送り、後ろ髪を引かれる思いで、ひとり家路につく。

「野球、したいな」

せつない疑似体験

「あの別れる瞬間が一番つらかったですね」

関西出身とは思えない、なめらかな標準語で答えるのは飯島康士《こうし》。整体師として働きつつ、週末を中心に社会人野球のクラブチームでプレーを続けている二九歳の現役アスリートだ。

そう聞けば一〇代の頃は高校球児……とくるのが相場だが、康士に高校野球の経験はない。

「家が貧しく、高校では野球どころか部活そのものができなかったんですよ」

中学で野球に打ち込んだ康士としては、当然、不本意だった。だが、幼少期に父が病没。必死で育ててくれた母と祖父母のことを思うと、ワガママを通すことはできなかった。野球は大好きだったが、強豪校のスポーツ特待生になれるまでの実力もなかった。

「だから、電車のなかで野球部気分を味わっていたんです」

康士が通っていた高校が位置するのは大阪市内のど真ん中。校地が限られるため、野球部の練習グラウンドは校舎から電車で遠く離れた郊外にあった。学校が終わると、野球部の生徒たちは私鉄に乗って練習に向かう。帰宅部の康士もそれと同じ電車に乗った。家がちょうどグラウンドと同じ沿線にあったのだ。

「彼らと別れると私は家に帰るわけですけど、特にやることもない。バイト禁止の学校だったし。まあ、最初から卒業後は警察官になることを視野に入れて入学した高校だったので、勉強しなくちゃいけないんですが、やっぱり野球がやりたかった」

二年生になったタイミングで野球部の顧問に「今からでも入部できますか？」と尋ね、「いいよ。まったく問題ない」との返事をもらった。そのうえで、母に再度相談したが、やはり許しは出なかった。野球がしたい。だが、母の言うことも家の状況もわかる。板挟みで悶々としたときは、中学時代に使っていたグラブやバットを持って近所の空き地に行った。ひとりで壁に向かってボールを投げたり、素振りをしたり。友人の多くは部活をしていたから、遊ぶ相手もいなかった。とにかく野球がしたかった。

「だから、私にとって野球部は憧れの存在でした。少しでも彼らと同じ時間を過ごしたかったのは、自分も高校球児になったような気分になりたかったから。当時は今と違って髪はボサボサ、ダサい眼鏡をかけた目立たない陰キャ寄りのタイプだったんですけど、野球部とは野球の話で盛り上がれるから、仲はよかったんですよ」

野球部の生徒たちは、〝陰キャ〟っぽい康士を、からかったり、いじめたりはしないナイスガイ揃いだったという。

「本当に、いいヤツらばっかりで……最後の夏も応援に行きたかったな」

そのとき、康士は警察官を第一希望とした就職活動の真っ最中。試験に向けて勉強に集中するため、応援に行くのを控えざるを得なかった。そして、野球部は地方大会を勝ち進んだが、全国屈指の強豪に敗れ、甲子園出場はかなわなかった。しかし、康士にとって彼らは、自らが諦めた夢を代わりに目指してくれたヒーローそのものであった。

「ただ、『彼らといっしょにいたい』という私の気持ちには、彼らに対する恋愛感情に似たものも少し交じっていたのかもしれません」

そう言えるのは、今は自身がゲイだとポジティブに認めることができているからだ。

嫌われたくない

「思い返せば、高校時代から『もしかして』と感じる瞬間はあったんです。でも、認めたくなかったというか……」

中学生になる頃から、男の裸に興味を引かれる自分がいた。

『あいつはどんな体をしているのかな』みたいな感じで、つい見たくなる。友達とスーパー銭湯に行くのとか、ちょっと楽しかった」

ただ、当時の康士はＬＧＢＴＱに対する知識が圧倒的に少なかった。というよりも、陰キャと自身が回想するように、一〇代の康士は気が優しく、自分から前に出しゃばったり、意見を強引に押し通したりするような人間ではなかった。そして、性的にも奥手だった。

「彼女がいたことはありません。かわいいなって思う女子はいたけど……付き合いたいなんて積極的に動くこともなく、果たして本当に好きだったのか……。高校は共学でしたけど、女子がすごく少なくて奪い合いみたいになっていたから面倒そうで、そこには入りたくないなって引いていました」

女性に対して、いつまでも「かわいいな」以上に盛り上がらない自分。一方で男性への性的な興味はなくならない。

「もしかしてゲイなのかな……」

奥手の康士も、テレビなどを通してゲイのことは少しずつわかってきていた。

はっきりと自覚したのは、高校卒業後、専門学校に通っていたときである。

「警察官の公務員試験に落ちちゃったんです。就職はそれしか考えていなかったから、どうするかとなったのですが、家族と相談して警察官を目指す専門学校に進むことになりました」

その学校に「脱ぎたがり」の先輩がいた。

「自分の体に自信があって、酔うとすぐ脱ぐんですよ（笑）。で、『触《さわ》れよ！』となるまでが毎回のパターン。まあ、男同士のふざけ合いですよね。でも、私は楽しかったんです。『何やってんだよ』とか言いつつ、触って楽しい自分に気づいて、もう認めるしかないな、と」

ただ、だからといってカミングアウトをしようとは思わなかった。

「ヘンな目で見られるかな、『あいつに近づかないようにしようぜ』とか言われたら嫌だな、という気持ちが強くて……」

端的に言えば怖かった。陰キャだった康士は、昔から「嫌われたくない」という気持ちが強かった。

「だから、自覚したけど認めていない、みたいなモヤモヤ状態でしたね。性欲的にはつらいといえば、つらいし」

こっそりとゲイのパートナーを求めるような行動は起こさなかったのか？

「当時は彼氏が欲しいとか、思ったりはしなかったです。恋愛への欲求が少なかったというより、ゲイのことはわかったけど、男と男が付き合う、付き合えるということまでは知識がなかったんです。母は男女交際やエロいこと全般に対して厳しい人で、高校時代に使っていたガラケーにはいっぱいフィルターをかけられていたし。いろいろ知ることができたのは、働くようになり、経済的にも余裕が出てきてからですよ」

そして、ゲイであることを隠さねばという気持ちを、さらに強くする転機が訪れる。

野球を再開したのだ。

やっと野球に没頭できた

「最初に進んだ専門学校を一年もしないうちに辞めちゃったんです。なんか同じことの繰り返しになりそうだなって」

実は、警察官はもともと自ら望んだ道ではない。そもそもは安定した人生を望む母親の意向だった。康士は野球を続けたかったし、本当はスポーツ関係の仕事に就きたかった。こんな気持ちでは、また試験に落ちるのではないか。どちらかといえば引っ込み思案で、自分の意見を押し通すことはない康士だが、高校を卒業して少しずつ広い世界を知ると、その思いがどんどん強まった。そして、あらためてスポーツ系の専門学校に進むことを決めた。

「親には申し訳ないから、学費はアルバイトをして自分で稼ぐ。二年間、バイトをしまくりました。少しでも夢に近づきたくて、スポーツイベントの設営や運営補助の仕事ばかりしていましたね」

　こうして二二歳になる年、十分な学費を貯《た》めた康士はスポーツ系の専門学校に入学する。そして、硬式野球部に入部した。

「事前に調べて志望したのは、野球部のある専門学校ばかり。専門学校の野球部はあまりメジャーではないかもしれませんが、専門学校だけの大会もあるし、都市対抗野球にも参加できるんですよ」

　少し年を重ねた新入生で、しかも本格的な野球は六年のブランクがある康士だったが、監督も先輩も同期も優しく受け入れてくれた。野球界ではマイナーな存在の専門学校野球部。入部者は大歓迎である。

「生まれて初めての硬式野球。不安もありましたが、楽しみのほうが大きかったですね。レベルも低くなく、同期には高校時代、あと一勝で甲子園まで迫った選手もいました。浪人時代は特にトレーニングはしていなかったのですが、スポーツイベントのバイトはスタジアムの階段を昇り降りすることが多いから、勝手に鍛えられていたみたいです（笑）」

そんなバイトで鍛えた体力のおかげで、練習には想像したよりもすんなりとついていくことができた。ポジションは、もともと速かった足を生かすため外野。学年が上がると、練習試合での出場機会も増えた。専門学校の活動期間は二年。六年のブランクを埋めるには時間が短すぎ、さすがにレギュラーは厳しかった。ただ、自分なりに攻守の技術を磨き、代走などで戦力になれた自負はあった。

「最終的に自分たちの代は、専門学校の地区大会で決勝まで行くことができました。あのときは本当にうれしかった」

六年間、我慢を続け、自ら学費を稼ぎ、やっとつかんだ野球に没頭できる環境。幸せだった。だからこそ、ゲイであることは封印した。

童貞だとバカにされるほうがマシ

「やっとできるようになった野球を、ゲイがバレることで辞めざるを得なくなったらどうしよう、という怖さがあって。実は専門学校にゲイバレした学生がいたんです。学校の研修旅行中、友達のをしゃぶっちゃったみたいなことがあって。彼と私は面識がなかったのですが、それがきっかけになって、どうやら一瞬で友達関係が全部崩壊したみたいで、学校も退学したそうです。その出来事を知ってしまったこともあり、とにかくバレることを遠ざけていました」

チームメイトは優しく気のいい人間ばかりだったが、多くは典型的な体育会育ち。

「男っぽい体育会ノリは正直、得意ではないのですが、合わせていました。ひとりだけ浮くのは嫌だし……まあ、面倒でしたけど」

年頃の男子たちの集団。そのなかでは、それぞれの意中の女子や恋愛の行方が話題になることも多い。

「『ヤったことあんの？』とか聞かれると、『ないない』と普通に否定していました。それまで女の子と付き合ったことはないし、ヤったこともない。まあ、二二歳の童貞ですね。バカにされることもありましたが、テレビだと自分より年上でも童貞を公言している人がいるし、自分としてはゲイがバレるよりもいいかなって。むしろ、『あいつはそういうの苦手なんだよ』と思われたほうがラク」

「康士、いいヤツだから」と女性を紹介してくれるチームメイトもいて、彼女と「なんとなく、付き合っている」状態になったときもあった。

「女子に好意を寄せられるのは初めての経験で、それ自体がうれしかったから」

高校卒業後、康士は少しずつオシャレにも目覚め、メガネもやめてコンタクトレンズにしていた。今、目の前に座る快活そうな姿からは、陰キャだった高校時代の面影はない。

「でも、三カ月で別れました。好きだと言われたのはうれしいけど、やっぱり自分から恋愛感情みたいなものは全然出てこなくて。だんだん『なんで付き合っているんだろう?』と思ってしまったんです。相手の子も男と付き合うのが初めてで、なんか男らしい男のイメージを求めていたみたいで、私に対して『なんですぐ謝るの?』『しゃべり方が女々《めめ》しい』とか不満が多かった」

常にそんな様子だったから、康士に「本当に女に興味あるの?」と聞いてくるチームメイトもいた。

「相手は深い意味はなかったと思うんですが、ちょっとドキッとしました。でも、ここで間があくとヘンな空気になってしまうから、すぐに『あるよ』と答えました。大切なチームメイトにウソをついてしまったことに申し訳なさは感じましたけど……」

大会の打ち上げの際、興味本位で「ゲイバーに行ってみよう!」となったときも、タガが外れるのが怖くて、やんわりと断った。

「ゲイバーに行けば、お店の人とか他の客とか、自分がゲイだと見抜く人がいるかもしれない。シラフなら上手くかわせても、お酒が入ってしまうと自分がどんな反応をするかわからないのが怖くて……」

チームメイトに恋をすることも自制していた。

「大事なチームメイトですからね。そこにヘンな感情を抱いたらいけない、と。正直、肉体的な面で興味があったのは事実ですけど、極力、目に入れないようにしていました。本当は見たいんだけど、我慢しようと。野球部の仲間は自分にとって本当に大切な存在でしたから、その環境がラッキーと逆手《さかて》にとるようなことはしたくなかった。女子硬式野球のクラブチームがあることは知っていましたけど、ゲイであっても男である自分は入れないし、仕方がない」

夢だった野球を目いっぱいプレーすることに没頭できた。と同時に、ゲイであることについては気苦労が増え、自分を抑圧していた専門学校時代だった。

アウティングの恐怖

日本でもLGBTQという言葉の普及とともに、当事者であることを自ら公表する〝カミングアウト〟という言葉の意味も知られるようになった。だが、ある人の性のあり方を本人の意に沿わず第三者に暴露する〝アウティング〟の認知度は、まだ低い印象だ。

二〇一五年、東京都内の大学でアウティングをきっかけにゲイの男性が転落死する事件が発生している。これは、ゲイの男性Aが、同じ大学のロースクールに通い弁護士を目指す男性Bに好意を伝えたことが発端だった。Aの告白にBは「付き合うことはできないけど、これからもよき友達でいてほしい」と返信。ところが三カ月後、BはAも含む友人数人からなるLINEグループに「おれはおまえがゲイであることを隠しておくのはムリだ。ごめん」というメッセージを送信。AがゲイであることはB以外のLINEグループの友人たちも知るところとなり、Aは心身の調子を崩してしまう。この件についてロースクールの指導教授や大学のハラスメント相談室にも複数回、相談していた。

それから約一カ月後、Aは「Bが弁護士になるような法曹界なら、もう自分の理想はこの世界にはない」「いままでよくしてくれてありがとう」というメッセージを送信後、大学の校舎から転落死した。

この事件をめぐってAの両親は、「Bの行為はAへの加害行為であり、違法である。適切な対応をとらなかった大学側にも責任がある」として訴訟を起こす。その後、遺族と被告の学生Bとの間で和解が成立したが、大学に対する計約八五〇〇万円の損害賠償請求を東京地裁は棄却。遺族は控訴したが、東京高裁も大学側の責任を認めず、一審に続き請求を棄却。そして、原告側は上告せず、判決が確定したが、高裁の裁判長はアウティングを「人格権ないしプライバシー権などを著しく侵害する許されない行為」と言及。アウティングの違法性に初めて触れた判決となった[*1]。

カミングアウトの行為自体、あるいはカミングアウトをする相手は、誰が決めるのか——。どちらも他人ではなく、当事者自身が決めることである。それは、当人に認められた権利なのだ。

だから他人によるアウティングは許されてはならないが、康士の身の回りでも起きていた。専門学校時代、「ゲイバレ」によって友人関係が崩壊し、退学に追い込まれた学生」の話がそうだ。この話がその学生とは面識がなかった康士の耳に入ったのは、アウティングの実例に他ならない。

康士は、当時所属した硬式野球部のチームメイトのことを「大切な仲間」だったと語った。にもかかわらず、彼らにカミングアウトはできなかった。そんなことをすれば、彼らもアウティング——ゲイであることをバラすかもしれない。そして、自分はあの学生と同じ顚末《てんまつ》をたどる可能性がある。そう恐れたのだろうか。胸が締めつけられる話である。

〝遅咲き〟のアスリート人生

「専門学校時代に比べれば、今はゲイであることはかなりオープンにしています。家族のなかでも一番、自分をかわいがってくれた祖母には何年か前に伝えました。テレビでＬＧＢＴＱのことが話題になり始めていたし、いいタイミングかなって。そしたら、意外にもすんなり受け入れてくれました。母にも打ち明けたいんですけど、『もう普通の結婚や孫は諦めてくれ』と言うようなものですから、悲しむかなと思って、まだ勇気が出ない」

専門学校卒業後、スポーツ関係の仕事を求めて上京。いくつかのバイトを経て、知人のツテで横浜のジムで働き始め、トレーナーとして少しずつ生計を立てられるようになった。同時に〝新宿二丁目〟デビューを果たし、そこでゲイとして堂々と生きる人々を目にした。「無理をして隠さなくてもいい」「心を許せるゲイのパートナーと結ばれてもいい」とわかり、気持ちもだいぶラクになった。

「といっても、ゲイとしての自分を解放しているのはゲイのコミュニティでだけ。でも、だからかどうかわからないけど、しゃべり方とか男っぽくなくなったところも出ているのか、あるバイト先では冗談っぽく『オネエみたいだね』に言われることもありました。ただ、それで笑ってくれるなら、別にいいかなって思える。今は何も引け目や怖さは感じません」

もともと小学生の頃から、女子が好むようなかわいいキャラクターやそのアイテムに目がなかったという康士。ずっとそうしたものを目立たないように楽しんできたが、最近は隠すこともなくなった。

「ゲイの出会い系アプリにも興味が出て使ってみました。彼氏が欲しい気持ちは……やっぱりありますから。そしたら、初めて男の人の誘いを受けて。でも、どんな人かまるでわからないし、他にもっといい人がいるんじゃないか、最初のひとりに決めなくてもいいんじゃないか……とか思ったので、会ったけど付き合ってはいません。だから、まだ正式に男と付き合ったことはないです」

奥手な康士らしい慎重さだが、自分のペースで少しずつゲイとしての人生を歩み始めている。それだけでも、康士はこれまでの抑圧から解放されている気持ちになれているという。

「ただ、クラブチームの仲間には、まだいろいろ隠しているんですけどね」

専門学校で「やりきった」と本格的な野球はやめるつもりだった。しかし、上京後にできた友人から、知り合いのクラブチームが選手を募集しているという話を聞いて参加してみると、想像していたよりも本格的で、すっかりハマってしまった。

「選手の多くは、それぞれ仕事をもっている社会人。みんな自立しているし、干渉しすぎないし、大人の付き合いだからラク。でも、私自身がプライベートではゲイであることをオープンにし始めたからか、最近『ちょっと雰囲気変わった？』とか言われることが増えたんです。ただ、キャプテンは本当にいい人で、気づいているのか気づいていないのかはわからないですけど、『ウチはＬＧＢＴＱでもオッケーだから！』とか話しているときもあったし、他のチームメイトもそんな感じなんです」

目標は、社会人野球の最高峰である都市対抗野球やクラブチームの日本選手権への出場。康士の野球熱は冷めない。そこには「カミングアウトしても平気かな」と思わせるチームの雰囲気も影響しているのかもしれない。

「足には相変わらず自信があるし、守備も上達しました。課題は打撃ですね。社会人野球って、選手として一〇年間活動すると、各都道府県の連盟から表彰されるんですよ。そこまでは頑張りたいかな」

表彰されるまでに、康士はカミングアウトをするのか。そのとき、チームメイトは彼の性を受け入れるのか。もしかしたら、康士は日本野球界におけるゲイ選手のパイオニアとして世間の称賛を浴びることだって——。苦労して野球選手としてプレーできる環境をつかんだ〝遅咲き〟のアスリート人生は、名誉をもって報われてほしい。

＊１　石田仁「アウティング事件は単なる失恋だったのか？」（『はじめて学ぶＬＧＢＴ　基礎からトレンドまで』石田仁著、ナツメ社、二〇一九年）

第8話

自覚しても「告白」できない

「オレ、ぶっちゃけゲイなんだよね」

（あー、言っちゃった）

「え、マジ？」

（ですよね）

「はあ……」

（あ、やっちゃったかな）

　同じ体育会といってもテニス部だし、こいつなら言ってもいいかな、とカミングアウトをしてみたタカヒトだが、ちょっと後悔の念がよぎった。

「じゃあ、二丁目とか行くの？」

「へ？　そりゃ、まあ」

「マジか！　今度連れていってよ！　一回行ってみたくてさ。あ、オレはゲイじゃないよ」

「……」

「どしたの？」

「いや、それはまったく問題ないし、まあうれしいんだけど、やけにあっさりだなって」

「あー、いや、こっちもぶっちゃけると、タカヒトがそうかもって、なんとなく大学の頃から思ってたから」

「え、マジ？」

「うん。気をつかって誰も言ってなかったけど、ボクシング部の連中も何人かは、たぶん」

（マジか！）

タカヒトはうれしさ半分、恥ずかしさ半分で頰が赤らんでいくことがわかった。

しぶしぶ続けたボクシング

海がよく見える駐車場に停《と》めたクルマのなかで、当時、高校三年生だった君塚貴人《たかひと》は母に泣きながら懇願された。自動車整備士になりたいと、すでに専門学校への進学意思を固めていた貴人。だが、インターハイに続き国体でもボクサーとして実績を上げた貴人のもとに、東京のいわゆる一流大学からスポーツ特待生の誘いが舞い込んだのだ。

九州の小さな街にある君塚家は、父が酒に溺れ、貧しかった。母の奮闘で家庭が成り立ち、その愛情がひとり息子の自分に注がれていることは、貴人も十分知っていた。その母が「せっかくだから大学は出てほしい」と切望している。

「仕方がないか」

貴人は不本意ながらも大学進学の意思を固めた。


「今となっては、大学に行って本当に正解でしたね」

三〇歳の貴人は今、東京の外資系コンサルタント企業で忙しい日々を過ごしている。仕事はハードだが、成果を出せば報酬は高い。高校時代、将来の職業として考えていた自動車整備士は「子どもの頃にクルマが好きだったから」が志望理由。正直、あまり深く考えていなかった。東京に出てきて、さまざまな人と出会い、田舎とは別の世界を知ってたどり着いた今の生活。大学進学を薦めた母への感謝は感じている。

しかし、ボクシングは大学卒業を機にやめた。

「高校時代は、試合になれば『勝ちたい！』と貪欲に思えました。もともと負けず嫌いな性格なので。でも、大学は一発勝負のトーナメントではなく、リーグ戦が中心。それも団体戦重視だったので、なんか勝ちへの意欲も落ちてしまったというか」

それでも全国上位の成績を残した。ただ、それより上にいけるイメージが湧かなかった。プロやオリンピックを目指す選手たちと自分の差は、ランキングではかれないものがあると感じたのだ。

「たとえば村田諒太《りょうた》のような選手って、同じ階級、同じくらいの体重なのに、パンチの威力が違いすぎるんですよ。拳《こぶし》が重くて一発一発のダメージが大きい。ヤバすぎて試合なんかしたくない（笑）」

さらには、〝センス〟という天性の素養。

「井上尚弥《なおや》なんかそうですけど、世界チャンピオンになれる選手って、パンチを一番効くタイミングで確実に打てる。これは磨けない力だと思います」

身長が高く、〝イケメン〟という言葉がよく似合う貴人。ボクシングをやめた理由をあっけらかんと話す様子からは、競技への執着は感じない。先述したように、母に大学進学を懇願されなければ、高校まででボクシングはやめるつもりだったのだ。

「六歳から水泳を始めて、小学校では野球もやっていました。中学は剣道部。どれも始めたのは仲のいい友達がやっていたから、くらいの理由です。ボクシングを始めたのは、剣道部時代の友達の親に『お前はボクシングに向いているから、高校の指導者を紹介してあげる』と言われたのがきっかけ」

本人の言葉どおり、負けず嫌いではあったが、特別スポーツに思い入れがあったわけではないのかもしれない。しかし、神様は不公平なもので、軽い気持ちで始めたどの競技でも貴人はすぐに結果を出した。根本的に運動神経が人並み以上だったのだろう。

「大学生になると、人によっては超楽しそうに遊んでいるわけです。それが羨《うらや》ましくて。自分はといえば、苦しい減量はあるし、毎週のようにリーグ戦や大会があって、まったく遊べない。ある日、『なんでオレ、殴り合いなんかしているんだ？』とむなしくなったんですよね。負けず嫌いではあるけど、もともと闘争心のようなものが旺盛なタイプじゃないんです。調子に乗っているヤンキーとか懲《こ》らしめるのは好きだったけど（笑）。とにかく、特待生だから部活は卒業までやめないけど、自分の限界もなんとなくわかってきたし、ボクシングは大学までと決めました」

ただ、決断に影響を及ぼすほど〝遊び〟に心を惹《ひ》かれたのは、ボクシングに対する情熱の薄れだけが理由ではなかった。貴人は〝夜の街〟で、本当の自分――ゲイであることに気づいていたのだ。

〝ウリ専〟のバイトで気づいた

「特待生なので授業料の心配はないんですけど、生活費や遊ぶお金の余裕はなかったんですよね。それで大学一年のときにウリ専のバイトを始めたんです」

ウリ専、すなわちゲイに体を売る男娼である。

「バイトに選んだ深い理由はなくて、単にネットで高収入バイトを探していたら出てきた感じ。エッチするだけでお金もらえるならラクでいいじゃん、くらいのノリでした。オジさんとチューするのは、最初は嫌だったけど」

とはいえ、当時の貴人に自身がゲイという自覚はない。高校時代はモテるほうで、何人もの女性と付き合い、セックスもした。初体験は中二である。このようにヘテロセクシュアル（恋愛や性的欲求の対象が異性の人）としての恋愛と性の経験を歩んできたにもかかわらず、ウリ専に抵抗感がなかったというのは驚きである。

「今思えば、高校のときもお風呂で男のアソコに目が行ってしまうとか、ゲイっぽい兆候はあったんですけどね。チンチン見せ合い、オナニー見せ合いみたいな、体育会の悪ノリも楽しめたり」

だからこそ、ウリ専もできてしまったのだろうか。

「バイトをするうちに（新宿）二丁目の知り合いができて、よく飲みに行くようになり、それがすごく楽しかった。学生ということもあり、奢《おご》ってくれる大人はたくさんいたから、お金にも困らなかったし。そしたら、ゲイの人たちから『男とも付き合えるんじゃないの？』なんて言われるようになったんです。で、自分もその気になったら、だんだん男がかわいく見えてきて、好みのタイプもできて、『あ、オレいけるじゃん』と思えてきたんです。そのとき、はっきり自分がゲイだと認識しました」

インスタグラムで「好きな人」と出会う

中学・高校と何人もの彼女がいた貴人だが、〝好き〟という本気の恋愛感情を抱くことは稀《まれ》だった。「だいたい三カ月くらいで飽きて別れて、また別の人と付き合う」というパターンを繰り返していた。

「男に関しても最初は同じだったんです。大学二年のとき、初めて彼氏ができたけど、どこで知り合ったかも忘れてしまいました。若くて性欲も強かったから、ヤリすぎて覚えていないんですよ。とにかく気持ちよくて楽しかった。女の子と遊ぶのとは違い、デートしてゴハン食べて……なんて面倒くささはなくて、『とりあえずしよう』みたいなノリもラクだった。本当、ゲイだとわかってからは彼女はもういらないってなりましたね。だから、家族や友達にカミングアウトすることに葛藤はあっても、自分がゲイであること自体には葛藤はありませんでした」

そんなふうに最初はゲイとしての〝遊び〟が楽しかった貴人だが、二〇歳を過ぎた頃、初めて恋に落ちる。

「年上の社会人だったんですけど、それまで遊んでいた男とは明らかに違う。自分にないものを持っているというか。人と仲良くなるのがすごく上手で、界隈《かいわい》ではめちゃくちゃモテる人気者。要はコミュ力がすごく高くて、いつも輝いている感じでした。自分は打ち解けることができれば明るく振る舞えるんですけど、基本的には人見知りで、知らない人とはあまりしゃべりたくないタイプですから。それまで男女問わず、付き合うにしろ、エッチするにしろ、基準は〝かわいい〟だったんですが、それも変わりました。憧れ、みたいな感情だったかもしれません。とにかく、『人を本当に好きになるって、こういうことかな』と感じた出会いでした」

願いがかない、その彼と付き合うことができた。貴人にとって初めての真剣な交際。しかし、二人の仲は半年ほどしか続かなかった。

「二人になると、向こうはけっこう意地っ張りで我が強い。僕もそうだったから、だんだんケンカが増えてきて。結局、僕がフラれました」

手痛い経験だったが、〝本当に好きな人〟と付き合い、愛を深める充実感も知った。そして二〇代も半ばを過ぎると、〝遊び〟も落ち着いてくる。今はその彼以来となる、真剣交際中のパートナーがいる。

「見た目はまったく好みではないんですよ。でも、いっしょにいて落ち着くんです」

知り合ったきっかけはインスタグラムだった。

「もともとつながりはあったんですけど、あるとき、自分のポストに『ゴハンでも食べに行こうよ』とコメントが来て。その後、DMでいろいろやりとりして……それで付き合うことになりました。

インスタ上にはゲイのコミュニティがあるんです。内容を見る人が見れば、すぐわかる。それでつながりができることがよくあります。LINEは仲良くなってからつながる感じで、インスタはもっとライト。ただ、僕より若い世代だとLINEを使わない人も増えている印象です。フェイスブック？ あれは化石(笑)。実名ベースで、ゲイをオープンにしにくい人もいるから、つながりにくいんですよ。その点、インスタはオープンにしやすい。ストーリーズでメンションされて、気になったらフォローしたりして。相手や状況によって鍵をつけたり、名前を変えたりはするけど」

日本におけるＬＧＢＴＱの人々の出会いの場。その歴史をひもとくと、中心になってきたのはゲイのコミュニティだった。〝ハッテン場《ば》〟はその典型にして代表例である。〝ハッテン〟とは、自由奔放に手広く性関係を結んでいく人間を〝発展家〟と呼んだのが語源。それが転じて、ゲイの間で新しい出会いをもたらす場が〝発展場＝ハッテン場〟と呼ばれるようになった。そして現在では、「匿名性のもと、男性同士の性交渉を成立させられる場」と認識されている。*1

一方、バーやスナックという店舗業態のなかで、ゲイやバイセクシュアルの男性が集う〝ゲイバー〟が一九五〇年代から東京を中心に現れ始め、六〇年代〜七〇年代に細分化と増加が進んだ。まだＬＧＢＴＱという言葉がなかった時代、そこはゲイが安心して過ごし、仲間と親交を深める空間となった。*2

また、ゲイバー増加と同時期、複数のゲイ雑誌が創刊され、その誌面はゲイ同士をつなげる場にもなった。他の趣味系雑誌同様、広告や読者同士の投稿欄が出会いを生んだのである。*3

こうしたコミュニティの発展とともに、ゲイのサークルが生まれたり、大規模なイベントが開かれたりするようになった。さらに、八〇年代末に生まれた有料電話による情報提供サービスで、結果的に男女がわいせつな目的で利用することとなった「ダイヤルQ2」も、ゲイの出会いの場として機能したという。[*4]

そして、一九九〇年代半ばからインターネットが広く普及したことにより、状況が大きく変わる。男女間ではいわゆる「出会い系サイト」が勃興《ぼっこう》し、やがて援助交際の温床となったが、それと似たシステムを有しながら、ゲイ同士の出会いのプラットフォームとして機能するホームページや掲示板も登場した。[*5]

その後、スマートフォンが普及してからは、マッチングアプリを介した男女の出会いが珍しくなくなった。もちろん、LGBTQの間でも同様である。なかでも、GPS機能によって自分から距離的に近い順にユーザーを表示できるアプリは〝実用的〟で、都市部を中心に爆発的な人気を呼んだという。[*6]現に本書の取材でも、そういったアプリを通じてパートナーを得たり、性的マイノリティについて理解を深めたりしたという話をしばしば耳にした。

もっとも貴人いわく、〝バレ〟の恐れがある地方ではGPS機能があるマッチングアプリよりも、サイトやSNSのほうが好まれるという。特に若い世代ではインスタグラムを利用した出会いが活発のようだが、SNSは性的マジョリティが友達のネットワークを構築したりするために利用するのと同じく、性的な目的というより主にL

ＧＢＴＱの仲間とつながるために用いられているようだ。かくして、かつてアンダーグラウンドだった性的マイノリティのコミュニティは少しずつ表に出てきているのかもしれない。

ゲイビデオ出演で消えた部員

「一応、社会人なんで、インスタでもフルオープンにはしないですけどね。情報管理はしなくちゃいけないから」

ゲイとしての生活を開放的に楽しんでいる貴人だが、引くべき一線はきっちり引いている。「仕事と性は関係ない」と、会社ではゲイであることを表に出していない。母をはじめ家族にもカミングアウトはまだだ。

「子どものこともありますからね……子どもは欲しいんですよ。〝おこげ（ゲイを好む女性）〟の友達が多くて、『ゲイしか無理』って子もいるから、『偽装結婚して子ども産んでよ』なんて冗談で話したりしますけどね。僕の場合、今も女性と付き合おうと思えば付き合えるし、エッチもできなくはないから」

そんなことを話す貴人には、どこか根っからの遊び人のような痛快さも感じる。ゲイであることを最初からそれほど悩まず、洒脱《しゃだつ》に楽しめるマインド。これまで本書に登場したゲイのアスリートのなかには、自分の性を認めることすら深く悩んでいたケースもあった。男性のパートナーや男性との性交を求めるようになるまで、かなりの時間を要する場合もあった。貴人は珍しいタイプに入るのではないだろうか。

ただ、それでもボクシング部を中心とした大学の友人たちには、ゲイであることを秘密にしていた。

「やっぱり不安があったんですよね。そのことでからかわれたり、引かれたりするのは嫌だから。当時、並行して彼女もいたから、黙っていれば疑われることもなかったですし」

実は貴人が在学中、ボクシング部では部員がゲイビデオに出演していたことがバレるという事件があった。貴人は「それほど、そいつをからかう、いじめるみたいなことはなかった」と話すが、「あいつ、なんでそんなことしたんだよ」と訝《いぶか》しむ視線は部内に生まれた。当該部員はいつしか練習に顔を出さなくなり、そのままフェードアウトしていった。それを目にした貴人が慎重になるのも無理はない。

「僕はスポーツ推薦の特待生。ゲイであることが原因で退学となるのは避けたかったですから。バレること自体を怖いと感じたこともありますが、それよりいろいろ面倒くさいって感じ」

かつて大学野球界では、「ドラフト上位指名でプロ入り間違いなし」と評価されていた選手のゲイビデオへの出演が、ドラフト直前に判明したことがあった。週刊誌を中心とするメディアはこの事件をスキャンダラスに報道。世間は好奇の目で騒ぎ立て、インターネットの掲示板も虚実不明の噂、選手への誹謗《ひぼう》中傷、憶測で話題騒然となった。当然ながら、「果たして、その選手はドラフト指名されるのか」という点も野球ファンを中心に注目された。

結果的に、その選手の名がドラフト会議で呼ばれることはなかった。指名を有力視されていた球団は、「諸般の事情を総合的に検討した結果」と指名回避の理由をコメント。ゲイビデオへの出演と指名回避との因果関係をはっきりと結びつける大手メディアの報道はなく、選手のコンディション不良などが指名されなかった要因として報じられた。選手がその年に故障の治療を行っていたことは事実ではあったが、選手生命を絶たれるような怪我を負っていたわけではない。世間は球団の発表は建前であり、ゲイビデオ出演騒動がドラフト指名に影響を与えたと受け取っていた。

選手自身はメジャーリーグにプレーの場を求め、アメリカに渡った。その後、メジャー昇格が有力視されたタイミングで記者会見を行い、ゲイビデオ出演の事実とそれに対する後悔を口にし、自身がゲイであることを否定。以降、所属チームの選手たちにも受け入れられ、のちに日本のプロ野球でもプレーしている。

変わる世代

あれからずいぶんと時間が経《た》ち、社会のなかでLGBTQへの理解は進んだように見える。それでも、貴人は大学のボクシング部でのカミングアウトを避けていた。スポーツと性的マイノリティをめぐる状況は、根本的には変わっていないということなのか――。

ただ、貴人は大学卒業後、同じ学生寮で暮らしていた親友にカミングアウトをした。

「ボクシング部員だけでなく一般の学生も暮らしていた寮で、その友達は別の部活でした。信頼できる友達だったから平気かなって。実際、驚きはされたけど、『そうなんだ。じゃあ今度、二丁目連れてってよ!』とけっこう普通の反応でした」

その反応を得られたのは、貴人が快活なキャラクターだったこともあるだろう。それからは大学時代の他の友人にもゲイであることを少しずつ伝え始める。

「そしたら、ある友達に『大学の頃からなんとなくわかってたよ』と言われたんです。詳しく聞くと、ボクシング部の友達も何人かは気づいていたらしくて。もう、なんか『マジかよ』って超恥ずかしくなりました」

同時に、マッチョで保守的な体育会でも、今はきちんとカミングアウトして真摯《しんし》に説明すれば、多くの人は受け入れてくれるのではないか、とも感じた。

「今の若いゲイの男子をXとかで観察していると、普通にカミングアウトしている子もそれなりにいるんですよ。世代の違いを感じますね」

若い世代にとってLGBTQが身近になっていることは、少なくとも間違いではなく、世間の偏見もだいぶ薄れてはきているのだろう。スポーツ、体育会の世界も、そんな時代に合わせて変わっていくだろうか。

＊1　石田仁「安全な性的自由を確保した専用ハッテン場」（『はじめて学ぶLGBT　基礎からトレンドまで』石田仁著、ナツメ社、二〇一九年）
＊2　三橋順子「ゲイバー世界の成立」「ゲイバー世界の分裂」（『女装と日本人』三橋順子著、講談社現代新書、二〇〇八年）
＊3　前川直哉「1970年代における男性同性愛者と異性婚」（『セクシュアリティの戦後史』小山静子・赤枝香奈子・今田絵里香編、京都大学学術出版会、二〇一四年）
＊4　石田仁「ゲイバー以外での出会いも盛んだった」（『はじめて学ぶLGBT　基礎からトレンドまで』石田仁

著、ナツメ社、二〇一九年）
＊5　石田仁「2000年代からはSNSでの出会いが中心」（同前）
＊6　石田仁「自分の好みの相手だけを表示できるアプリの登場」（同前）

第9話

強くて、かわいい女になりたい

ファイトを終えたエチカ。見ると複雑な気持ちになるのはわかっているのに、つい試合についてのXのポストやＹｏｕＴｕｂｅ動画のコメント欄をのぞいてしまう。

「元・男！」

「結局、また男っぽいことしているじゃん」

そんな言葉を目にするたび、エチカは胸をグサリと刺されたような気分になる。

それに比べれば「ブス！」なんて言葉は、うれしくないが、まだマシだ。

わかっている。「おら！」「うりゃ！」なんて叫び声を上げて技をかければ、「男！」「男！」なんてナイフのような言葉が飛んでくることは。

でも、ありのままの自分を出すのがプロレスの魅力。そこについてはエゴイストでなければならない。おかしいくらいに熱狂している人間でなければ、お客も熱狂してくれない。

ムカつくから殴る。痛てぇから叫ぶ。それでいいじゃないか。女だって、危険を感じれば大声で抵抗の声を上げ、手足をバタバタさせて必死に抗《あらが》うじゃないか。

エチカが目指すのは「かわいくて、強い」女子プロレスラー。その道に迷いはない。ひたすらに自分の信じた道を進めばいい。

だけど、まだ「自分はどう見られているのか」と気になってしまう弱い自分がいる。

だから、つい今日もコメントを見てしまう。

それはプロレスラーとして、まだ自分が未熟な証拠だ。

いつか、自分に「男!」とヤジを飛ばす客にも、そんなことを言わせないくらい、めっちゃかわいくて、めっちゃ強い女子プロレスラーになりたい。いや、なる。「もと男? そんなの関係ないじゃん」と言われるくらい、魅力的なプロレスラーに。

だから今日も弱い自分を認め、受け止め、立ち上がり、もっと素敵な女になるために鏡に向かい、もっと強くなるためにリングに上がるのだ。

「男として生きる」と言い聞かせて

エチカ・ミヤビは二〇二二年、新興プロレス団体〈PPP.TOKYO〉でデビューした女子プロレスラー。ただし、女性は女性でもＭｔＦ（出生時に割り当てられた性別が男性で、性自認が女性のトランスジェンダー）である。二〇〇一年三月二五日生まれの期待の若手だ。

「幼い頃から仮面ライダーとかに興味が湧かなくて、好きなのはディズニープリンセスやプリキュア。戦隊モノでも目がいくのは女子でした。友達と戦隊ごっこをしようとなれば、男子の多くはリーダーで主役っぽいレッドの役をやろうとするんですよ。でも、私は『ピンクでいい』とポソッと言う感じ。周囲の大人は『控えめな子だな』なんて思っていたんじゃないですか。実際、小学校の途中くらいまでは内弁慶の引っ込み思案なタイプでしたけど」

自分の心は〝女性〟である。物心ついたときにはそうだった。

「ズボンではなくスカートがはきたくて、『なんでこっちはダメなの？』とかピーピー泣いては母を困らせていたみたいですね。本当に嫌だったんでしょう。母には『それは違うの、あなたは男の子なのよ』とたしなめられていたそうで。ワガママな子だと思われていたかもしれません」

だからといって、母に恨みはない。時代的にもそれが普通だっただろうし、仕方がないことだったと思っている。

「服は仕方ないけど、好きなものは否定しない母でしたから。仮面ライダーが嫌で、戦隊ヒーローではピンクの役が好き、みたいなことについてはダメとか言われませんでした」

母は未婚のままエチカを産んだ。今も誰が父親なのかは知らないし、記憶もない。祖母にも助けられながらエチカを育てた母は、大らかな人だった。こうして幼少期より、エチカはある意味、ありのままに生きてきた。だが、成長にするにつれ葛藤を抱き始める。

「小学校三年くらいからですかね。『男は泣いちゃいけない』『男らしくしなくては』みたいなことが嫌だったのですが、『受け入れなくちゃ』という自分も出てきました。そうするしかないというか」

小学校に入学以降、自分は普通に過ごしているつもりなのに、どうも自分は普通の男子ではないのかも、と感じることが増えた。生来の引っ込み思案が顔を出して、周囲の目が気になる。「普通ではない」自分をそのまま出し続けることに対して躊躇《ちゅうちょ》するようになった。

「強く自己主張できるタイプだったら、『いや～ん』みたいな言葉づかいもできたのかもしれませんけどね。『女の子だったらよかったのに』なんて思っては、むなしくなったり」

高学年になると体毛が濃くなり出すなど、嫌でも自分の身体は男である現実を突きつけられた。

「見た目もけっこうイカツくなってきたんですよね。それで、もう男として生きていくしかないんだ、と自分に言い聞かせました。男として生まれた以上、そのほうがラクだろうと。だから、女子の誰が好き、みたいな話が男子の間で始まってくると、心のなかでは『わかんねぇな』と思いながら、『○○ちゃんかな』とか話を合わせるようになりました」

葛藤と疑問を抱えつつ、男として行動するようになったエチカ。その行動の一環として熱中することになるのが、スポーツだった。

広がる〝ギャップ〟に悩んだ思春期

「中学に入る頃から体格がよくなり始めて、スポーツが得意になってきたんです。部活は、小学生のときにやったソフトボールが楽しかったから、野球部に入りました」

小学生の頃は運動神経抜群というタイプではなかったが、体が成長してくると明らかにスポーツが得意と自覚できるようになった。そして、今も自分の強みと話すのが「動きのフィードバック」である。

「『こう動いたら、体やフォームはこうなるだろう』という感覚と、実際の動きが概《おおむ》ね当てはまるんです」

つまり、頭でイメージした動きを、齟齬《そご》なく身体で再現できる能力。極端にいえば、理想のフォームを見て、すぐに真似できる能力ともいえる。こうした感覚が優れている選手は進歩が著しく、フォームを崩したり、身体の変化でフォームにズレが出たりしても、自己修正能力が高くて絶不調には陥りにくいものだ。現に、野球では打撃も守備もどんどん上達していった。

「肩が強かったので、センターを守っていました。ノーバウンドの返球でランナーを刺したりできると、うれしかったですね」

ただ、「男として生きていくしかないんだ」と決めた心は結局、揺らいでいた。

「野球選手として成長しようとフィジカルを鍛え、技術やセンスを磨こうとすればするほど、男っぽくなっていくわけです。体はゴツゴツしてくるし、女性らしい丸みなんかないし。好きなことを追い求めると、本当になりたい自分、心の内の自分とのギャップが大きくなる。それが悲しかった」

細くなりたい――。年頃の女子なら当たり前に抱く感情をMtFのエチカが抱くのは当然だった。大人に近づくにつれ、少しずつニューハーフと呼ばれる存在も知るようになる。「男性なのに女性のような装い」を見て、「自分もあんなふうに……」と思っては、踏みとどまる。その繰り返しだった。

「かわいくなりたいと思っていたけど、自分には無理かなって。当時、ニューハーフの人もテレビに出るようになっていましたが、かわいい系のニューハーフよりもドラアグクィーンの人が多くて。自分があんなふうになるのは無理かな、と感じたんです。ドラァグクィーンの人が嫌いというのではなく、自分の好みや性格の問題ですかね」

当時は首都圏の郊外住まい。田舎といっても過言ではない環境で暮らしていた。東京のカルチャーはエチカにとってはるか遠いもので、ＬＧＢＴＱの知識もまだ十分ではなかった。かわいくなるのも無理、ドラァグクィーンになるのも無理。それならば、〝女性への憧れ〟を忘れるしかない。揺れた心はまた元に戻り、それを打ち払わねばと、より頑なになる。

「もっと男っぽくなって、女の子を好きになってみようと思って、女性と付き合ってみたこともありました。だけど、すごく嫌な言い方ですが、その行為は自分にとって一種のはけ口みたいな感覚もあって。なのに、いざとなると結局、セックスはできない。女性が相手だと、『したい』という気持ちが湧かないんです。これじゃあ、付き合ったところで先の広がりはないですよね。相手が自分を好きと言ってくれても、こっちにその気がないのなら、互いにとても無駄な時間を過ごしているんじゃないか……と思ったり」

多感な思春期、自らの性に悩むＬＧＢＴＱは少なくない。なかでもエチカは悩み多きタイプだった。

押しつけられた野球部監督の根性論

一方で野球選手としては順調に成長していった。いずれは甲子園、いずれはプロ野球選手。高校にもそんな思いを抱いて進学する。自慢の肩はさらに強くなり、外野手の合間、たまに投手としてマウンドに上がると、ストレートは一三〇キロ台を記録した。これは高校一年生としては速い部類に入る数字である。ところが、そんな夢と成長とは裏腹に、エチカは監督と衝突してしまう。

「高校ではピッチャーをやりたかったのですが、その希望を監督に伝えたら、否定的なことをいろいろ言われて……それがきっかけでしたね」

もともと、あまり好きな監督ではなかった。

「こう言ってはなんですが、古くさい指導をする監督で……。一〇〇本ダッシュとか、ひたすら量だけをこなす根性論の練習ばかり。もっと選手の動作を科学的に分析した練習をしたほうがうまくなるんじゃないか。上手になるメソッドを選手に教えてあげたほうがいいんじゃないか。いつもそんなふうに感じていました」

アスリートとしてのエチカは、論理的な思考力があるタイプに感じる。ちなみに、現在は英語とフランス語を操るなど語学も堪能だ。

「ただ、中学時代の成績はそんなによくなかったんです。でも、高校野球がやりたくて。行きたい高校は公立でしたから、受験が必要だと知ってからは一生懸命勉強するようになり、成績も上がっていきました。英語についても、将来は大学に行きたいなと思って先生に相談したら、『英語ができないと受験で不利になるよ』と言われて勉強するようになったんです」

自分がやりたい、好きだと思ったことには一生懸命になれる。

「何事もやらされながら続けている人間は、どんなにすごい練習をしても、好きで続けている人間に勝てない。イチロー選手や大谷翔平選手をよく見ていれば、わかりますよね」

だから、根性論ばかり押しつけてくる監督を好きになれなかった。その溝は埋まることがなく、結局、一年の途中でエチカは野球部を去った。

「悔しかったですよ、やめたこと自体は。でも、このままだと野球が大嫌いになってしまいそうだったから。もっと有意義な時間の使い方があるんじゃないか、と思ってしまって」

一方、女としての自分にとってストレスになりかねない、野球部の〝男子ノリ〟とはうまく付き合えていた。

「本質は田舎のヤンキーみたいな性格だったから（笑）、『ウェーイ！』みたいなノリは好きだったんですよ。女子だって、年齢相応にギャーギャー騒ぐのが好きな子もいるじゃないですか。そんなもんでしょう、みたいな感じ。もちろん、『女子のパンツ見たいか！』みたいな誘いにはまったく興味はありませんでしたけど。階段の下からパンツをのぞこうとするようなことも、『ふーん、何が面白いんだろ』といった感じで。そんなときはムッツリスケベなチームメイトにツッコミ入れたりして、ノリの悪いヤツだと思われないようにしていました。正直、面倒でしたけど、それを受け入れなければ男子の世界でやっていけないと思っていましたからね」

ＭｔＦとしての葛藤とは異なる理由で、好きな野球を離れざるを得なくなったエチカ。退部後、別の部活に入ることはなかった。

「どの部活も部員同士のコミュニティができ上がっている頃でしたからね。そこにゼロから入っていくのは少しキツい」

ただ、運動能力に長《た》けた息子を思い、母は何か別のスポーツをしてほしそうだった。エチカ自身も、スポーツはしたかった。そこで、家の近所にあった柔道の町道場に入ることにした。

「学校の外でやるスポーツのほうが伸び伸びできそうだったので。強さ、うまさに段位という明確な基準があるのも自分には合っている気がしたし、『男として生きていかなければ』ともがいていた当時の自分にとって、格闘技の男っぽさも選ぶ理由になったのでしょうね」

MtFとしては〝性〟に悩み、野球選手としては挫折を経験する。高校までのエチカは、決して順風満帆ではなかった。そんなエチカの人生が大きく変わるのは大学時代のことである。

コロナ禍で「女として生きる」と決めた

大学に入学したエチカは、それなりに楽しい学生生活を送っていた。得意の英語は海外留学でさらに上達していた。柔道も趣味で続けていた。大学生ともなれば周囲もある程度、大人扱いをする。柔道に励んでいる町道場では、学生の部活とは違って集っている選手の年齢層もバックボーンもさまざま。練習が終われば、それぞれのプライベートを尊重する空気がある。性をめぐる葛藤が消えたわけではなかったが、町道場では〝男子の体育会ノリ〟を強要されることもなかった。そんな生活は、心地いいといえば心地よかった。だが、大学三年生になる年、生活が一変する。コロナ禍が訪れたのだ。

「大学の講義はほとんどリモートになり、家から出る時間が全然なくなって。それで、ひとりでいろいろ考える時間が増えたんです。性別についてもそう。今までは葛藤しつつも周囲に本心を隠してきた自分。本当は何をしたいのか、どう生きたいのか。言葉では表せないくらい、すごく考えて。それで、やっぱり自分の好きなように生きるのが一番じゃないか、という結論に至りました」

こうしてエチカは「女として生きていく」と腹を決めた。好きなことなら一生懸命になれる。性別は人間がアイデンティティを形成するうえで重要な要素である。偽り続けるエチカが限界に達する日は、遅かれ早かれ訪れたのだろう。

ただ、決断できた理由として、自身の環境や社会の変化の影響があったのは確かだ。二〇歳を過ぎて大人になり、周囲のジェンダー的な同調圧力から多少なりとも解放されたこと。同調圧力を受けても、一定の距離の取り方が身についてきたこと。そして、多様な性的マイノリティの人間がネットやSNSで自らについて発信を始め出したことなどが挙げられる……LGBTQという言葉が広がり始め、世間の理解も深まってきたこと。

げられる。

「自分のなかでは高二のとき、ＹｏｕＴｕｂｅで初めて見た青木歌音《かのん》ちゃんの存在が大きかったです。『男がこんなにかわいくなれるんだ！』って驚いて」

青木歌音は若者たちに支持され、テレビ番組で女子アナとして抜擢されたこともある、ＭｔＦの人気ＹｏｕＴｕｂｅｒである。

「動画では『チンチンはとりました！』なんて話していて、『あれってとれるんだ！』と初めて知りました。よく知らなかったＬＧＢＴＱのことについても、動画を通じてだんだん知識が増えてきて。『自分は変なヤツなんじゃないか』とひとりで悶々《もんもん》としたり、悲しくなったりするような気持ちが少しずつ薄れていくきっかけでしたね」

そんな憧れの人物にも勇気づけられて、エチカは女性としての一歩目を踏み出す。ステイホームで家にいる間、髪を伸ばし、ずっと憧れていたスカートをはき始めた。歌音のように、いつかは性別適合手術をすることも決めた。そのための手術費を稼がなければと、大学を休学してアルバイトに励んだ。そして、自分の好みを否定せずに育ててくれた母に人生の一大決心を報告するため、生まれ変わった女性の姿で実家に帰った。

「最初は驚かれましたけど、すぐに受け入れてくれました。もともと母は僕の好みを尊重してくれる人でしたし、看護師なのでLGBTQについての知識や理解もあったのだと思います。おばあちゃんは最初、いとこのお姉ちゃんと間違えていましたけど（笑）。とにかく家族や親族は、わりと早く理解してくれました」

女子プロレスラーに完敗

こうして揺れ動いた一〇代を経て、はっきりと生きていく道が見え始めた。そして「女として生きる」決断をしてから約一年後、エチカは二〇二二年の年明けに運命の出会いを果たす。きっかけは筋トレ好きな女性が勤めるバー「筋肉女子 マッスルガールズ」で働き始めたことだった。

「もともと働いていたお店がまん防（まん延防止等重点措置）で休業してしまったんです。それで、体と戸籍は女子ではないけど筋肉はあるから（笑）、と思って面接を受けてみたら、合格したんです」

このマッスルガールズで先に働いていたのが、筋トレYouTuberでありセクシー女優でもあった「ちゃんよた」だった。行動力旺盛な彼女は前年の二〇二一年九月に、現在エチカも所属する団体〈PPP.TOKYO〉からプロレスラーとしてデビューしていた。ある日、エチカは「ちゃんよた」から試合観戦の誘いを受けた。そして、選手と観客が一体となってリングと会場を盛り上げるプロレスに一発で魅了された。試合後、興味を持って「ちゃんよた」の練習を見学しに行くと、リングに上がらせてくれた。そこで、この上ない楽しさを感じた。

「倒されても、すぐに起き上がって、相手を見て、距離や体勢、状況を理解して、次にどう動くか反応する。プロレスは考えることが多いな、と感じました」

自分の頭で考えて体を動かし、成長していくタイプのアスリートだったエチカにとって、このプロセスは楽しめる類いのものだった。ロープワークは想像より痛く、受け身は柔道とは勝手が違う。そこに上達心をくすぐられ、新しい技を覚えることにも興味を覚えた。「プロレスラーになりたい」という思いが芽生えるのに、それほど時間は必要なかった。

その後、〈PPP.TOKYO〉に正式入門。マッスルガールズで働きながら練習に励む日々が始まった。夕方から深夜までバーで働き、帰宅して少し睡眠をとる。気合いで起きて、午前中の合同練習に参加する。トレーニングが終わったら少し寝て、夕方からまた店に出る。ハードなスケジュールだが、女性として、アスリートとして本気になれることは幸せだった。

そんな姿勢が認められたのか、その年の九月には早くもデビューが決まる。もちろん、女子プロレスラーとしてだ。もともとフィジカルと運動能力に恵まれ、格闘技経験があったのも早いデビューにつながったのだろう。相手は世羅《せら》りさ。かつてプロレス団体〈アイスリボン〉でチャンピオンになったことがある強者だ。エチカはそのときの自分が持てる力をすべて出したけれど、試合は世羅の圧勝だった。

だが、そのときＭｔＦとしてプロレスの面白さ、奥深さ、魅力をあらためて感じた。

エチカがＭｔＦであることは、試合前に行ったデビュー会見で公表された。エチカは性別適合手術を視野に入れる一方で、女性ホルモンを注入する治療も受け始めていた。とはいえ、まだ日は浅く、外見上は鍛えた男性という体つき。当然、女子プロレスラーとして闘ううえで、有利に働くと周囲が感じても無理はない。実際、エチカのデビューにあたり、ネットではその手の批判の声もあった。そんな視線を向けられる理由はエチカ自身が十分理解していた。

しかし、エチカは完敗した。

世羅の得意技であるニードロップをボディに食らった後は、痛みで意識がなくなりそうだった。

プロの世界は甘くはなかった。

「ＭｔＦがアスリートとして女性のカテゴリーに出場する。それについて批判の声が上がることは理解できます。個人的には、生まれた性別を間違えただけなのに、かわいそうだな、認めてあげてほしいって思うけど。ただ、〝数字〟で勝負するスポーツでは難しい点があるのも確か」

だから、プロレスは楽しい。

「プロレスって性別が関係ない〝ネオ無差別〟みたいなところがあるんですよ」

その言葉どおり、近年のプロレスでは男女が対戦することも珍しくない。過去には男性中心の団体で女性がチャンピオンになったこともある。スポーツでありエンターテインメントであるプロレスは、ただ強いだけでは一流とはいえない。強いうえで、いかに観客の心をつかみ、魅了するかが何よりも大事である。そんなプロレスならば、「ＭｔＦが女子プロレスに挑戦する」という〝新しい物語〟としてエチカが受け入れられる可能性は十分ある。事実、エチカの前には男女問わず試合を行い、団体の垣根を越えて活躍するジェンダーレスプロレスラーのＶＥＮＹ《ヴェニー》という先人もいる。

「プロレスはどんな人間もウエルカムな、自由な世界。そこが何よりも魅力だし、だからお客さんも熱狂できる。競技の性質では、だいぶアドバンスだと思う。ずばぬけてジェンダーフリーですよ。まあ、飲み会とか昭和体質が抜けていないところもあると思うし、改善が必要な点はあるけど、私はプロレスが好き。サイズやパワーが上回れば勝てる、という世界ではないことを身をもって知りました」

世間からの批判の声は、どちらかといえば、ふだんプロレスをあまり見ない人からのものが多かった。真のプロレスファンは「エチカの挑戦もアリ。否定するものではない」と、プロレスの本質をよく理解していることがうかがえた。エチカはそれに喜びを感じたが、甘えすぎてもいけないと自戒している。プロレスラーとして「見られる立場」となった自分には、「ＭｔＦがどう見られるか」という責任もついて回ると感じているからだ。

トランスジェンダーの希望へ

「私みたいな存在が批判を浴びることも理解しています。だけど、ＳＮＳでＭｔＦの話題が出るたび、ＭｔＦのすべてがゴミクズみたいに叩かれているのを見ると、『ああ、またか』と思ってしまう。自分は何もしていないのに、いろいろ批判されなくてはならないんだって。私は今の状態で女風呂に入ったこともないし、トイレも基本的には性別を問わない多機能トイレを使うことにしています。気づかいをして、みんなに迷惑をかけないように」

エチカは、トランスジェンダーに対する世間の反応を冷静に受け止めている。「ちげーよ、バカヤロウ。お前ら、ナメんなよ。ウチの店に来いよ！　私のことを好きにさせて、色恋営業で破滅させてやんよ！」とプロレスラーらしいウイットとアジテーションに満ちた言葉を吐き出したい思いもあるが、それを押し出さない。そんなことを言えば、一部の攻撃的な批判者をさらに煽《あお》ることになるとわかっているから。

「こちらの権利を強く主張すると、相手をトランス嫌いにさせてしまうんじゃないかって。こっちの印象を上げて、『私たちも普通なんだよ』と思ってもらうことが大切というか」

トランスジェンダーとトイレをめぐる論争についても、落ち着いて持論を語る。

「ＭｔＦが女子トイレを使用することに対して、シス（出生時に割り当てられた性別と性自認が一致するシスジェンダー）女性が不安を感じたりするのもわからなくはないんです。基本的にＭｔＦは女性を襲ったりしないと思っていますが、『怖がらせてごめんね』という気持ちだってある。だから今は、私はできる限り男女ともに使える多機能トイレを使うことにしているんだし。でも、シス男性が気軽に『男子トイレ使えばいいじゃん』と言うのは、ちょっと無責任。手術をして体も女性になったMtFが男子トイレにいたら、ギョッとされることもあるだろうし、過去には逆に襲われそうになったMtFもいた。だから、シス男性が『オレは何もしないから』なんてMtFに男子トイレの使用を強制するのは疑問。というか、男の言う『何もしないから』がいかに信用できないか、よく知っていますしね」

大切なのは、臨機応変な対応だ。

「今は場面によって、ジェンダーはデジタルに切り分けないといけないこともあると思います。たとえば公衆浴場なら、男・女の二つ。あるいは、手術した男・女を合わせての四つ。でも実際のジェンダーって、アナログというかグラデーションになっているのも確かなんです。FtMで男が好きとか、シス男性で女装が好きとか。いきなりそこまで細かく分ける対応を社会に求めるのは現実的ではないし、いつまでもLGBTQが社会に溶け込めない原因になりかねない。というか、私だって勉強が追いつきません(笑)。だから、私たちがどうしても歩み寄らなければならない限界もあることを認める必要がある。陸上や競泳など数字で結果を出すタイプのスポーツも、そのひとつかもしれません」

この言葉を裏返せば、だからこそエチカは〝ネオ無差別〟なプロレスに深く引き込まれたようにも感じる。

二〇二四年に入り、コツコツと働いて費用を貯《た》めたエチカは性別適合手術を行った。そのため一月からプロレスラー活動を一時休止している。同年秋の復帰を目指し、戸籍も女性に変更する予定だ。これで心も体も女性になれる。喜びしかないが、ひとつだけ女子プロレスラーとしては肝に銘じていることがあるという。

「早く手術をしたかったのは事実なんですけど、名実ともに女性になれることで、自分の内面の弱さも克服できると期待しすぎてはいけないというか……。手術さえすれば完全に女性になれると思うのは、いわばガワだけに頼っていることじゃないですか。身体だけではなく自分も心から女性であると自信をもって生きていけるようじゃないと、本物ではないし、お客さんを魅了できないと思っています。声援を送ってくれるお客さんの存在は本当にありがたいですし、うれしい。だけど、『本心はどうなんだろう?』と疑ってしまう子どもの私が、まだいるんですよ」

子どもの頃、他の男子と異なる感覚があることに引け目を感じていた自分の姿が脳裏をよぎる。エチカの考えすぎる一面が出ているのかもしれない。ただ、それだけ強さと自信にこだわっているのは、自分のファイト、そして強く有名になることには意味があると感じているからだ。

「私がこれまで歩んできた人生を知って、救われる人もいると思うんです。自分の性別や生き方に悩んでいる人、要は昔の私のような人はまだたくさんいると思う。そういった人がプロレスを通して私を知り、自分なりの正解や道を見つけてくれたら、すごくうれしい。私もそうだったけど、『自分はヘンな人間なんじゃないか』という思いって、人によっては死にたいという気持ちにつながりかねない。私がそれを少しでも食い止められるくらい、影響力を持てるようになれたら……」

かつての自分が青木歌音の存在に勇気づけられたように。

「今が一番楽しいし、自由なんですよ。だから私は、もっと素敵な女、カッコいいプロレスラーになりたい。『もともと男？　そんなの関係ないじゃん』とたくさんの人にいわれる魅力的なプロレスラーに。そのためには何でもする覚悟ですよ」

対談

LGBTQとスポーツの未来を探して

田澤健一郎×岡田桂

ジェンダー／セクシュアリティ研究では、スポーツの世界や、ここまで登場したような性的マイノリティのアスリートは、どう論じられてきたのか。そして、各種競技とLGBTQにとって本当に望ましい未来とは――。最後に、共著『スポーツとLGBTQ+』（晃洋書房）があり、本書を監修した岡田桂氏との対話を通じて、日本人が知っておきたい〝論点〟を整理しよう。

スポーツは男性性の〝最後の砦〟

田澤　本書は、性的マイノリティである現役／元アスリートたちに話を聞き、スポーツとLGBTQの実情に迫ろうとしたものですが、岡田先生はどう読まれましたか？

岡田　LGBTQのアスリートの方と実際にコンタクトし、スポーツとのかかわりについて深く話を聞いていることに大変驚きました。特にゲイ男性のインタビューが多く読めることは貴重です。現にそういった発言があったように、スポーツは長くシスジェンダー男性が優位、すなわち男性性が強い文化でしたので、ゲイであることをカミングアウトするハードルが高い。それゆえ話を聞かせてくれる選手は少ないので、研究者でも当事者の経験を得るのが難しいところがあります。そうしたゲイ男性をはじめLGBTQアスリートがバリエーション豊かな体験を語るという書籍は、今までの日本にはほぼなかったといえます。

田澤 こうしたテーマのフィールドワークは、まだ少ないんですね。

岡田 アメリカを中心とする英語圏では、二〇〇〇年代から性的マイノリティのアスリートのインタビュー――実体験を一対一で掘り下げて聞き出す調査が出てきましたが、日本では一部を除いてほとんどみられません。しかも、研究者ではなく、田澤さんのようにスポーツの取材を専門にされているライターさんから事例が出てきたことが、日本の現状をよく表していると思います。

田澤 日本の現状というのは？

岡田 性的マイノリティが政治や社会の課題として大きく取り上げられるようになった時期が英語圏に比べて遅かった、ということですね。なかでもスポーツ界では、いまだ扱われづらい状況が残っている。研究のための調査であっても、当事者のインタビューはプライバシーの問題を警戒されてしまい、なかなか受けてもらえません。コンタクトを取っても断られてしまうケースも多かった。特にゲイ男性についてはそうでした。

田澤 スポーツの現場で取材をしていても、LGBTQにまつわる話題は、腫《は》れ物を扱うように対応したり、意図的に触れなかったりする雰囲気があります。知識不足だから下手に触れないほうがいい、と判断しているのかもしれませんが。

岡田　英語圏の場合も、スポーツ以外の世界ではかなり以前から性的マイノリティが声を上げるようになり、公の場での発言が増えましたが、スポーツの分野は伝統的な男性性にとっての〝最後の砦《とりで》〟だったといえます。同じように男性性が強い分野として軍隊が挙げられますが、両分野とも二〇〇〇年代に入ってからLGBTQ当事者の声がようやく届くようになってきた。たとえばアメリカで権利運動を進めるには、カミングアウトを通じて自分の存在を示し、社会に認めてさせていくという流れが多いですが、日本のスポーツ界の状況は国内ではそうしたケースが少ないこととも関係していると思います。

田澤　スポーツと軍隊が〝男性性の強さ〟という点で共通しているという指摘は、本書のテーマのひとつである〝体育会〟を考えるうえでも興味深いです。体育会は〝軍隊的〟とたとえられることが多いので。

岡田　発祥や歴史を振り返ると、スポーツも軍隊も「女性は参加しない」という前提でつくられてきたものなんですよね。

田澤　男女を完全に分けることで成り立ってきた。

岡田　その後、時代が進んでスポーツにも軍隊にも女性が参加するようになります。そこで違いが出てきました。軍隊の場合、テクノロジーの発達により兵士同士が直接戦う機会が少なくなった現代では、女性が参加できる余地は大きくなったといえます。日常生活も同じですよね。科学や技術の進化で、どんどん身体を使わない社会になっている。しかし、スポーツは今も身体そのもので競い合うものなので、男性と女性の扱いは常にいっしょにはならない。だからこそ、男性性の〝最後の砦〟と見なされるようになってしまった。

田澤 そうした男性性の強さがいまだに残っている日本のスポーツ界は、ゲイ男性がカミングアウトしづらい環境になっています。

岡田 逆にいえば、保守的な男性にとって、旧来的な体育会は居心地がよく、いまだメリットも多くある。ただ、本書と二〇〇〇年代初頭における英語圏のインタビュー事例を比較すると、ゲイ男性の話の内容は共通している部分が多いです。ホモソーシャルなスポーツ界でゲイのアスリートが感じる悩み、置かれた状況はどちらにも通じる部分があり、本書を読む前から想像できるところはありました。大枠では、当時の英語圏で見えてきたことが、今の日本で可視化されたといえなくもない。しかしレズビアンやFtMに関しては、かなり異なる部分もあります。英米では見られない、日本特有の事象があり、〝メンズ〟はその典型ですね。

田澤 第6話で触れたとおり、〝ボーイッシュ〟〝男っぽい〟ルックスやキャラクターの選手をそう呼ぶ、日本の女子サッカー界独自の文化ですね。

岡田 きっと、サッカー以外の女性スポーツでも、メンズという名前ではなくとも、そうした存在は認識されてきたのでしょう。事実、私も、メンズについて言及した共著者の稲葉佳奈子さんの論考が所収されている『スポーツとLGBTQ+』（晃洋書房）を、さまざまなスポーツ関係者に献本した際、野球やソフトボールにもメンズと呼ばれる選手はいるという話をいくつか教えていただきましたから。

これまでの日本には性的マイノリティであ

ることを表立って言いにくい空気がありました。その一方で、たとえばゲイ男性にとってはアンダーグラウンドではあっても、お互いにつながり合えるコミュニティやサブカルチャーが限られた範囲では存在してきました。また、日本の性的マイノリティのなかには必ずしも海外から来たＬＧＢＴＱというカテゴリーには一致しない人たちも存在していて、日本の文化のなかで独自の存在として認識されたり、一部では受け入れられたりもしてきた。本書を読んであらためて実感しましたが、メンズもそうした可能性のひとつといえるのではないでしょうか。

セックスか、ジェンダーか

田澤　それにしても、スポーツはいまだ身体そのものを使って競い合うものであり、しかも男性の身体に基準を合わせているため、男女をいっしょにできない。それゆえに、ＬＧＢＴＱへの理解がなかなか進まなかった、という指摘は興味深いです。今までスポーツをそんな視点で考えたことがありませんでした。

岡田　ＬＧＢＴＱ、特にトランスジェンダーをめぐる社会問題を考える際、必ず議論となるのがトイレ、入浴、そしてスポーツなんです。

田澤　確かに、トイレも入浴も身体を伴うものですね。

岡田　それらを除けば、現代社会のなかで身体がここまで直接問題となる分野というのはスポーツくらいです。

生物としての人間の身体――すなわち〝セックス〟と、社会や文化の中でつくられた男女の性差を意味する〝ジェンダー〟を、分けて考えるというアプローチが、現代のジェンダー／セクシュアリティ研究では発達してきました。また、現代では民主的な欧米諸国をはじめとして、性をセックスではなくジェンダーを基準としてとらえる考え方が中心的になりつつあります。なおかつ、ジェンダーは平等にでき得るし、するべきだという考えのもと、実際に多くの分野で男女平等が進みつつあります。しかし、身体そのもので競うスポーツでは、性の基準がいまだにセックスに置かれている。その差を社会や文化のなかでどう埋めていくかという点については、まだ決めきれていないのが現状。だからこそ、スポーツが大きな問題になっているのです。

田澤　二〇一四年には、ＩＯＣ（国際オリンピック委員会）がオリンピック憲章における選手の性別を表す言葉をジェンダーからセックスに変えましたよね。

岡田　きっかけとなったのは、キャスター・セメンヤ選手（南アフリカ）のケースです。

田澤　生まれつきＤＳＤ（性分化疾患）であるアンドロゲン過剰症（男性ホルモンの一種で筋肉の発達や強さに作用するとされるテストステロンが、体内で女性の平均値よりも多く生成される体質）の女性選手ですよね。二〇一一年、ＩＡＡＦ（国際陸上競技連盟。現・世界陸連［ＷＡ］）は、彼女のような選手が女性カテゴリーで競技をすると、不当に有利となって公平性を保てない、と。そこで、テストステロン値が男性平均の下限以下という参加条件を定めた。それが後にＩＯＣの陸上競技にも採用されました。

岡田　ＩＡＡＦとＩＯＣがテストステロン値という身体の要素をもって〝女性〟選手の資格を定めると、ＤＳＤ女性を女性競技から排除することにつながり、IOCが自ら定めたオリンピック憲章の「ジェンダーによる差別の禁止」というオリンピックの根本理念に違反することになる。そこでIOCは、自らがつくった矛盾を解消するために、スポーツにおいて守られるべき性の概念をジェンダーからセックス（生物学的身体）へ変更するという憲章の改正を行ったのでは、と考えられます。

かくしてIOCは、スポーツの世界で守られるべき性の概念はジェンダーではなく身体のスペックであると表明したわけですが、それは一種の責任放棄のように感じます。まあ、IOCとしても難しい判断だったのかもしれませんが。

とにかく、こうした事例も含めてスポーツが性をめぐる問題の最前線になってしまっています。セックスではなくジェンダーを基準にしていくのか。それとも、ある種の伝統芸能のように、社会の平等や現代のジェンダー的価値観とはズレた飛び地として残っていくのか……。そんなせめぎ合いの状態ともいえます。

田澤　先生はどちらに進むと考えていますか？

岡田　これだけジェンダー平等の価値観が広まるなか、身体を用いた競争がベースになっているからといって、スポーツだけが特別な方針で突き進むことは難しいと思います。時間はかかると思いますが、いつかは社会における価値観であるジェンダーに合わせていくことになるのではないでしょうか。また、スポーツは学校教育にも取り入れられているように、社会に広く深く浸透している。そういったある種の強制力が働くなかで、いつまでも男女差が出るスポーツを教材としておいていいのか、という議論もいずれ出てくるはずだと考えています。

なぜ日本は〝遅れている〟のか

田澤 ジェンダーとセックスを分けて考えることは、スポーツとLGBTQをめぐる議論を深めていくうえで非常に大切だと、本書をまとめながら感じました。ただ、世間的には似て非なるものだときちんと認識している人はまだまだ少ないのではないでしょうか。正直にいうと、私自身も取材前は混同してしまうときがありました。

岡田 大学で何年もこうしたテーマを教えていますが、丁寧に説明しているつもりでも、なかなか伝わりません。難しい話なんだな、と感じます。そもそも、身体的な性別と男性・女性の社会的な性役割を分けて考えましょうというジェンダー概念は、英語圏から出てきたもの。そうした発想を生み出した文化圏以外の人々にとっては、理解が難しいのだと思います。日本ではジェンダーに直接対応する考え方がないため、この言葉をうまく訳せず、だからこそ、そのままカタカナで使っているともいえます。

田澤 先ほど、日本は英語圏に比べてLGBTQアスリートの研究に取り組む時期が二〇年近くは遅れているという話がありましたが、アスリートを抜きにしてもLGBTQに対する社会の意識は欧米ほど高くはないといわれてきました。しかしながら、日本にも古くから〝男色〟のような文化はあった。にもかかわらず、なぜ〝遅れている〟状況になったのでしょうか。

岡田　男色の歴史などを考えれば、もともと日本は欧米に比べて同性愛に対する差別は少なかった……という意見はよく耳にします。一方で、それに対しては単純化しすぎ、美化しすぎだという批判があり、私も同感です。ただ、明治以降の一時期まで男色の文化が存在していたのは明らかですし、男性の男性に対する親密な感情や行為が〝男の強い友情〟として解釈されていた時期もある。その点では、キリスト教の影響もあって歴史的に激しい同性愛差別があった英米と比べると、価値観の少し違う部分があったのは確かでしょう。

田澤　では、明治以降に何があったでしょう？

岡田　スポーツに関していえば、日本においてはイギリスから〝輸入〟された文化であることが大きいといえます。輸入ですから、当然ながらそれに付帯したさまざまな価値観も取り入れたわけです。性に関する規制や価値観が、徐々に西欧的なものに置き換えられていくなかで、日本においても同性愛がタブー視されるようになった。そして結果的に、男性の価値を高めていくというスポーツが、女性も同性愛も排除するという点を含めて定着していったといえるかもしれません。

田澤　明治時代の日本は、欧米に追いつけ追い越せと西洋化・近代化を進めました。そうした欧米追随のなかで、同性愛に対する嫌悪や排除も入り込んできたと。

岡田　日本も男性優位の社会ではありましたから、欧米の価値観に接ぎ木する形で適応してしまった側面もあると思います。

田澤　スポーツは輸入後、〝体育〟を通じて日本に定着し、やがて日本的な〝体育会〟という文化がつくり出されました。そして、現在のスポーツ界で性的マイノリティが声を上げにくい状況が生じた。

岡田 また、日本の場合、公的な場では同性愛者をはじめとする性的マイノリティが認められていなくても、私的な場として、たとえばゲイバーのような商業化されたコミュニティは存在していました。英米のように違法行為として取り締まられることはなかったことも、自らの存在を示して権利運動を行うという流れになりにくい理由のひとつになったと思います。

田澤 どういう意味ですか？

岡田 ゲイ男性はセクシュアリティのうえではマイノリティですが、ジェンダーのうえでは優位な男性でもありますので、他の性的マイノリティより経済的には有利になりやすい部分があります。たとえば新宿二丁目のように、自分たちなりのコミュニティや経済圏を持っていて、そこにいけばゲイ男性同士で飲んだり、息抜きができたりする場があったのも事実。英米のように自ら権利を主張しないと、激しい差別や暴力にあうことすらあるという状況とは少し異なっていたといえます。差別や偏見はもちろんあるんだけれども、私的なコミュニティにとどまる限りではある程度の自由もあった。少数派として声を上げなくとも過ごせる場所が存在したことは、カミングアウトという戦略が進みにくい背景の一因になったともいえるでしょう。

トランスジェンダー部門は成立するのか

田澤 本書の発売後、間もなくパリオリンピックが開幕します。前回の東京二〇二〇大会では、ローレル・ハバード選手が女子重量挙げ部門に出場し、オリンピックに初めて参加したトランスジェンダーのアスリートとして注目されました。パリ以後の大会でもLGBTQアスリートの参加は増えていくのでしょうか？

岡田　二〇二三年四月、アメリカの最高裁が陸上の中学生女子チームでMtFの選手の参加を一時的に認めるというニュースがありました。試行錯誤する運営側の一方、現場ではLGBTQアスリートの参加が進みつつあります。ゲイやレズビアンの選手、ノンバイナリー（自らの性別が男性・女性どちらかの枠組みに当てはまらない、あるいは当てはめない考え方）のなかでも女性カテゴリーで出場する選手に関しては、急速に増えている。もっとも、増えているのはアメリカやイギリス、オーストラリアといった英語圏中心ではありますが。

田澤　他方でアジアや中東、アフリカの国々はゼロに近い。

岡田　地域差はあれども、全体的にはLGBTQの選手が増えているわけですが、実は東京二〇二〇大会以降、MtFの選手の参加基準が厳しくなっています。現状、選手の性別による参加基準となっているテストステロン値の他に、「思春期を男性として過ごした場合は女性として出場を認めない」といった新たな基準を取り入れる競技が出るなど、少しずつ厳しくなっている印象です。

田澤　スポーツの世界では新しい戦術や競技に有利な道具が普及してくると、それに対応してルールが厳しくなることはよくあります。MtF選手の参加基準の厳格化は、そうした意味合いもあるのかもしれません。ちなみに、基準の変更はIOCの方針ですか？

岡田　IOCは基本的には各競技団体の基準を尊重する立場。LGBTQの受け入れを進めるというステートメントは出したけれど、実際に基準を決めているのは各競技の連盟です。ある意味、IOCはそれを追認する立場ともいえます。そういう点でも、各競技団体に丸投げしているところがある。

田澤　当事者のアスリートはどのように受け止めていますか？

岡田　もちろん「望む性で出場したい」という声は大きい。しかし、すべての場合で認められるというような状況にはありません。なお、前述したセメンヤ選手のケースが典型ですが、DSDとトランスジェンダーは異なる存在なのに、これまでスポーツでは一括してテストステロン値で判断する――すなわち同じカテゴリーとして扱ってきました。それはまさに、ジェンダー軽視といえます。セメンヤ選手のようにテストステロン値が平均より高い女性を女性としてプレーさせないという状況は今も続いており、同じくMtFの選手に対するハードルも高くなっている。しかし、選手たちはもちろん出場したいわけで、スポーツはそのせめぎ合いの最前線に立たされています。

これには政治的な思惑も影響しています。LGBTQ、特にトランスジェンダーを認めたくないという保守派の政治家が狙い撃ちしているのが、実はトランスジェンダー女性のトイレ利用とスポーツをめぐる問題。もしアメリカが再びトランプ政権となれば、今以上に厳しい状況になる可能性が高いです。民主党政権となればトランスジェンダーの権利を守る方向が続くとは思いますが、スポーツ界全体として見れば、現在のセックス重視、出場基準の厳格化はもう少し続くように個人的には感じます。前述のように、長いスパンで見れば、いずれはその傾向も是正せざるを得なくなるとは思いますが。

田澤　さまざまなケースと議論を経て、多くの人が納得できる基準の落としどころが見つかると一番よいでしょうが、まだ時間はかかりそうですね。

岡田　ただ、スポーツ界には七〇年ほど前まで、有色人種を白人とは違う存在としていっしょにプレーさせないという差別がありました。これも一種、身体の違いに基づく区分ですよね。しかし現在では、もう人種という身体の差で区別してはいけないと社会が認めるようになりました。なかには「本当は嫌だけど認めざるを得ない」といった人もいたでしょうが、とにかく社会の変化と価値観による合意で人種という身体の差をスポーツのなかに受け入れていくことは経験している。つまり、現代の社会が尊重すべき性とは、その人自身が認識するジェンダーなのだから、スポーツもセックスではなくジェンダーで分けるべきなのだ……という方向性にいつかは進んでいくと思うんです。

田澤　人種の話でいうと、たとえば陸上の一〇〇メートル走やマラソンなどでは黒人の選手が優位であると思われています。だけど、それも社会が許容したうえで競争しているのが現代。身体能力の差を技術や戦略といったさまざまな工夫で埋めて勝つことができるのも、スポーツの魅力のひとつとなっています。セックスとジェンダーについても同様に、ギャップを乗り越えることが可能になれば、それがスポーツのまた新たな魅力になり、希望となるかもしれませんね。ちなみに、DSDとトランスジェンダーの選手は、五輪のような大会の出場をめぐり共闘しているような関係なのでしょうか？

岡田 まだ事例が少なすぎることもありますし、共闘しているという状況にはないですね。

田澤 個別に自分のスタンスで問題と向き合っていると？

岡田 そうですね。先ほどお話しした通り、トランスジェンダーとDSDはともにテストステロン値が出場の基準になってきましたが、もともとは異なる存在です。たとえばMtFは、出生時に性別を割り当てられた後に、自らのさまざまな経験や生活を通じて男性から女性への性別移行を行っていく存在です。一方、DSDの女性選手は女性として生まれ、法的にも社会的にも女性として生活してきたのに、女性としてプレーさせてもらえないという状況がある。それは社会が認めた性別という理屈からすれば、明らかにおかしいともいえます。実際、セメンヤ選手の場合、二〇二三年七月に欧州人権裁判所（ECHR）で最終判決が出て、差別的な扱いであると認められました。こうしたケースからも、トランスジェンダーとDSDをいっしょくたの基準で扱ってきたスポーツ界の価値観と、社会の価値観との差が浮き彫りになっていると思います。

田澤 科学の発展と社会の理解が進むことで、DSDの女性選手の出場基準は解決できそうな気もしますが……。

岡田 それはそうなのですが、テストステロン値が基準となっていること自体に根深い問題があります。実は、テストステロン値がスポーツのパフォーマンスに必ず影響するかどうかは、科学的には証明されていません。「関係はするけれど、必ずしも有利になるかどうかはわからない」というのがテストステロンに関する科学的研究の現状といえます。

田澤　そうなんですか！

岡田　スポーツは、国際競技団体やＩＯＣといえども、ある意味で私的な組織によって成り立っている側面が大きい。そのため、そういった科学的見地があっても「私たちが決めたルールに納得できないなら、出場してもらわなくても結構です」という理屈が成り立ってしまいやすい。今がこうした状態であることを考えると……。

田澤　解決にはまだ時間がかかるというわけですね。

岡田　そのように根拠が完全ではないテストステロン値を基準とした場合、それをクリアしたＤＳＤ女性の出場が認められるというなら、ＭｔＦにも出場可能な選手がいることになるはずですが……。

田澤　確かに。テストステロン値以外に基準となり得るものは他にあるのでしょうか？

岡田　議論はされています。たとえばパラリンピックは、身体の能力を細かく区分し、再構成して平等になるよう、各競技の種目を細分化していますよね。その結果、車椅子ラグビーは男性と女性がいっしょにプレーできるようにもなっている。こうした方向でいえば、現在の男女別カテゴリーについてもテストステロン値だけではなく、筋力などでもっと細かく区分すれば、平等に近づくのではないか、という議論があります。

田澤　男女に加え、「トランスジェンダーという部門を設ければよいのではないか」という意見もあります。

岡田　二〇二三年一〇月、競泳ワールドカップベルリン大会で初めてトランスジェンダーの選手も出場できる「オープンカテゴリー」部門の募集があったのですが、結局、誰も応募者がいませんでした。想定される人数が少ないことから、カテゴリーとして成り立ちにくいですし、実際には現実的ではないでしょう。ただ、そこまでテストステロン値にこだわるならば、「テストステロン値ごとに分ければいいのではないか」という議論はすでに出ています。

田澤　ボクシングや柔道の階級制のような感じですね。

岡田　そもそもトランスジェンダーの人々の多くは、出生時に割り当てられた自身のジェンダーに違和感があり、男性ではなく女性として、あるいは女性ではなく男性としてのアイデンティティで生きていきたいから性別移行するわけです。その意味では、トランスジェンダー部門やオープンカテゴリーで出場することに対して、多くの当事者は釈然としないのではないでしょうか。

田澤　第9話のエチカ・ミヤビさんは、シスジェンダーの男性がＭｔＦに対して「男性トイレを使えばいい」と気軽に言ってしまうことに疑問を感じると述べていましたが、その話にも通じる印象を受けます。「トランスジェンダー部門を設ければいい」という意見は、シスジェンダー側の無理解や正確な知識の欠如から出てくるものなのかもしれません。

岡田　当事者からしたら、何のために困難を伴いながらジェンダーを移行するのか、まったく理解してもらえていないと感じるのではないでしょうか。それならテストステロン値ごとにカテゴリー分けしたほうが、当事者の側からすればよほど納得しやすいのではないかと思います。

田澤　当事者にとってはやはり、セックスではなくジェンダーに則って参加できることがベストなのでしょうね。

チグハグな学校の保健と体育

田澤　パリ大会以後のオリンピックでLGBTQを公表する日本人アスリートは現れると思いますか？

岡田　次の大会でということはないにしても、日本のスポーツ界における現状からすれば、まずは女子選手やノンバイナリーの選手かもしれません。男子はおそらくまだ時間がかかるとは思いますが、いずれその時期がくるはずです。

田澤　そのカギになりそうなポイントはありますか？

岡田　最低限必要なのは心理的安全でしょう。カミングアウトをしても、自分の立場がしっかり守られたり、平等に扱われたりするという安心感。今の日本のスポーツ界では正直、それがまだ確立されていないと感じます。

田澤　たとえば、カミングアウトがスキャンダラスに扱われ、結果的に代表メンバーから漏れるといったケースが起こり得るような雰囲気だと、不安を払拭《ふっしょく》できなさそうです。そういった状況を考えると、チームスポーツより個人競技のほうがカミングアウトしやすいようにも思えます。

岡田 ホモソーシャルな絆の強さからすれば、男子では特にそうした状況が顕著だと思います。逆に、日本のこれまでの環境からすると女子のチームスポーツの場合、マイノリティが受け入れられる余地が男子よりは少し広いという印象です。

田澤 それは、先述のメンズ文化とも関連がありそうですね。第6話の女子野球選手は、引退後に性別適合手術を行ったことを指導者に報告した際、「あ、そう」という慣れた反応だったと話していました。心理的安全が確立されるには、選手自身というよりも、指導者や競技団体の役員などがＬＧＢＴＱへの理解を深めることが重要になってくる気がします。選手の活動の管理や、代表選手の選出などに深くかかわっているのは、そうした立場の人たちですから。世代的には、ホモソーシャルな体育会で過ごし、性的マイノリティについてほとんど何も考えずに選手生活を送ってきた人が多いので、理解するのは大変でしょうが……。

岡田 その環境で自分の成功体験を重ねてきたわけですしね。

田澤 もっとも、アップデートしている指導者や役員もいるとは思います。そう考えると、ＬＧＢＴＱが不安なくスポーツ、競技に打ち込める社会を実現するには、やはり学校教育も大切でしょうね。

岡田 そうですね。本来、スポーツとＬＧＢＴＱの関係は、性や身体について教える学校の保健体育でこそセットにして触れられるべきなんです。ところが今のところ、こうした連携はほとんどみられません。保健ではジェンダーや多様性について教える一方で、体育では身体的な男女差をベースとするスポーツに取り組むという、チグハグな状況になってしまっている。

田澤　保健体育を教える教員に旧来的な体育会の出身者が圧倒的に多いという点も、悪い方向に働いている可能性があります。

岡田　先日、ある大学の体育系学部で講演をしたのですが、体育教員養成の課程では性的マイノリティどころか、ジェンダーとスポーツの関係についてすら学ぶ機会はほとんどないとのことでした。つまり、教えたくても教員側にその知識がないため、教えられない。

田澤　セックスとジェンダーを分けて考えることは難しいという話がありましたが、それ以前の問題ですね。

岡田　そこを改善しないと、いくら体育教員の世代が若くなっても、性的マイノリティについて古い世代と同じ価値観を持った教員の再生産になってしまいます。

田澤　それに似た話としては、これだけ体罰が批判される時代になったのにもかかわらず、体育や部活で体罰が完全になくならず、若い教員が問題を起こすケースもあります。

岡田　教える側の価値観が変われば、スポーツ界の性的マイノリティを取り巻く環境も変わるはず。ただ、近年の教育政策は保守派の影響もあり、性教育自体を忌避する傾向がある。そうした状況では、ＬＧＢＴＱとスポーツについて学ぶ機会を設けるのはなかなか難しい。現場の教員だけの責任とはいえないところがあります。

田澤　なるほど。他方で、同じスポーツでも指導者に若い世代が多く、旧来の体育会との関係が薄い、Xスポーツのような新しい分野から日本のカミングアウトが進むことも考えられます。

岡田　確かに、その可能性はありますね。ともあれ現状としては、オリンピックのような国際的なイベントでLGBTQであることをオープンにしている日本人選手はいない。日本の方々にはパリオリンピックの観戦を通じて、そういった世界とのギャップも意識していただきたいですね。LGBTQとスポーツのよりよい未来のために。

エピローグ

私はこれまで主にスポーツを取材対象とする編集者・ライターとして仕事をし、幸運なことにスポーツ関連の著書も出版することができた。いってみれば、スポーツについては取材経験も知識も積んでいる自負はある。

それでも、旧知の編集者である中矢俊一郎さんから「日本人のLGBTQアスリートたちをインタビューする雑誌連載をしてみませんか？」と提案を受けたときは、一瞬ひるんだ。同じスポーツといっても自分の関心とは別方向に感じたからだ。

スポーツでも私が得意とするのは野球、なかでも高校野球をはじめとするアマチュア野球だ。それも、選手のキャラクターやチームの感動ストーリーといった類いより、技術や戦術、育成メソッド、あるいは競技と土地・文化との関係性に興味がある。そうしたスタンスで取材してきたが、正直にいえばスポーツ界におけるLGBTQの事情については詳しく知らなかった。人並みに関連のニュースを見聞きしていた程度だ。性的マイノリティやジェンダーをめぐる問題全般についても同様である。

だから、最初は依頼を断ることも考えた。しかし、日本でLGBTQアスリートの声が表に出ることはほとんどなく、スポーツに詳しいライターだからこそ既存のLG

ＢＴＱ入門書では書かれていないそのリアリティに迫れるのではないか——。そう説く中矢さんの熱意に心を動かされ、連載開始を決意した。

ただし、性的マイノリティの社会的な認知度を上げるといった大それたことは、私にはできない。その代わりに、当事者の声を伝える〝スピーカー〟としての役割——私の意見や主張をなるべく排しながら、ＬＧＢＴＱアスリートの実体験や本音を聞き出し、原稿にまとめるという形ならば可能だ。そうした人々の声が世の中になかなか届かない現状があるがゆえに、それは貴重な記録を残すことになるだろう。ＬＧＢＴＱの知識は乏しいけれど、その勉強は自分なりに進めるとして、アスリートとしてのキャリアや成績、技術向上のための試行錯誤、チームメイトや指導者との関係、練習する環境……といったことであれば、理解できるはずだ。そこを取材相手と共有できたら、信頼関係が築けるかもしれない——。

こうしたことを思い描きながら取材の準備を始めたが、インタビュイーを探すことには苦労した。本書のなかで繰り返し述べてきたとおり、日本の場合、ほとんどのアスリートは選手として活動するために自らの性を隠している。〝バレる〟ことは選手生命の終わりにつながると恐れているケースも多い。取材の打診・交渉の段階でそうした実情を痛感することになったが、それだけにインタビューに応じてくれた九人には感謝しかない。

そして、実際にアスリートたちに話を聞くなかで印象的だったのは〝諦念〟である。自身の性をオープンにできない状況に、あまり怒りや不満を抱いていないように見えた。いや、正確には「不満を抱いてはいるが、どうしようもない、しょうがない」と、ある種の物わかりのよさで自分を納得させていたのかもしれない。日本の体育会では根性を見せることが〝男らしい〟といわれてきたが、根性によって自らの〝性〟がバレないように辛抱・我慢していたともいえる。


東京オリンピック・パラリンピック二〇二〇の大会組織委員会の会長を務めた森喜朗は二〇二一年二月、次のような発言をして〝大炎上〟した。


「女性がたくさん入っている理事会は時間がかかる」

「女性っていうのは競争意識が強い」

「私どもの組織委員会にも女性は何人いたっけ？　七人くらいか。七人くらいおりますが、みんなわきまえておられて。〈中略〉我々は非常に役立っております」[*1]

この失言は女性蔑視だと国内外で大きく非難された。特に「わきまえる」というワードが取り沙汰され、「#わきまえない女」はツイッター（現・X）のトレンド一位となった。

日本は先進国のなかでジェンダーギャップ（男女格差）指数が最下位であり、たとえば管理職における女性の比率が低いことは広く知られている。森の発言はまさに、そうした日本社会の状況を表すものだったといえよう。森が大会組織委員会の会長を務めていたのは、「ジェンダー平等／多様性と調和」を謳う国際的なスポーツイベントではあったけれど……。

とはいえ、結果的に森が引責辞任に追い込まれたように、こうしたあからさまに男性優位主義的で女性差別的なジェンダー観を公言することは、さすがに日本社会でも許されなくなっている。

一方で、本書の取材でアスリートの〝諦念〟に出くわすたび、日本のスポーツ界に存在する性的マイノリティの人たちは依然として「わきまえる」ことを強いられているように思えたのだ。だからこそ、この国でカミングアウトしているＬＧＢＴＱのアスリートは極めて少ないのではないか、と。世に知られていない当事者たちの声を伝える重要性や意義にあらためて気づかされ、襟を正しくした。

連載から書籍化するにあたり、ＬＧＢＴＱについての見識は、監修者である立命館大学の岡田桂教授の力を借りて補完することにした。スポーツとセクシュアリティ／ジェンダーの関係性を長く研究してきた岡田先生の助言は、本書をまとめるための〝基礎体力〟を確実に上げてくれた。ＬＧＢＴＱとスポーツをめぐる未来への提言も示すことができた巻末の対談を含め、厚く御礼を申し上げる。

また、インタビュイー探しに協力してくれた、多くの友人、知人、スポーツ関係者、性的マイノリティの当事者の方々にも感謝したい。そして、連載から書籍化まで、常にこの企画をリードしてくれた中矢さんには頭が上がらない。彼の尽力がなければ、本書を刊行することはできなかったと思う。

実は、この書籍の執筆中に、縁あって中学生の野球チームの監督を務めることになった。未来を担う子どもたちを指導することはプレッシャーだが、その分、やりがいも大きい。

指導では、褒めるにせよ注意するにせよ、かける言葉のタイミングを選手によって使い分けている。当たり前のことだが、選手一人ひとり、性格やキャラクターが異なるからだ。
かように試行錯誤しながら監督を務めているが、この先、ＬＧＢＴＱの選手がチームに新たに加わることだってあり得る。以前の私だったらそんな想像すらしなかったはずだが、もし現実となった場合、インタビューでアスリートたちが聞かせてくれた言葉をまた思い返すだろう。自分のチームでは何も〝わきまえる〟ことなく、プレーしてほしいからだ。九人が語った実体験や本音は、スポーツに限らず〝性〟の悩み・葛藤を抱えた子どもたちとのコミュニケーションの参考になる確信がある。本書を読んだ保護者、スポーツ指導者、学校の先生といった方々がそんな実感を得られたなら、著者としてこれほどうれしいことはない。

二〇二四年六月　田澤健一郎

＊１　「『女性がたくさん入っている会議は時間かかる』森喜朗氏」朝日新聞デジタル二〇二一年二月三日配信

主要参考文献

・三橋順子『女装と日本人』講談社現代新書、二〇〇八年
・小出義雄『愛のコムスメ操縦術　彼女たちをやる気にさせる方法』集英社、二〇〇九年
・新井博、榊原浩晃編著『スポーツの歴史と文化 スポーツ史を学ぶ』道和書院、二〇一二年
・小山静子、赤枝香奈子、今田絵里香編『セクシュアリティの戦後史』京都大学学術出版会、二〇一四年
・堀江有里『レズビアン・アイデンティティーズ』洛北出版、二〇一五年
・森山至貴『ＬＧＢＴを読みとく――クィア・スタディーズ入門』ちくま新書、二〇一七年
・石田仁『はじめて学ぶＬＧＢＴ 基礎からトレンドまで』ナツメ社、二〇一九年
・新井博編著『新版 スポーツの歴史と文化』道和書院、二〇一九年
・清田隆之（桃山商事）『さよなら、俺たち』スタンド・ブックス、二〇二〇年
・神谷悠一、松岡宗嗣『ＬＧＢＴとハラスメント』集英社新書、二〇二〇年
・太田啓子『これからの男の子たちへ「男らしさ」から自由になるためのレッスン』大月書店、二〇二〇年
・友添秀則『わが国の体育・スポーツの系譜と課題　嘉納治五郎と近代』大修館書店、二〇二二年
・岡田桂、山口理恵子、稲葉佳奈子『スポーツとＬＧＢＴＱ＋』晃洋書房、二〇二二年
・周司あきら、高井ゆと里『トランスジェンダー入門』集英社新書、二〇二三年
・中村哲也『体罰と日本野球　歴史からの検証』岩波書店、二〇二三年
・「トランスジェンダー選手が東京五輪代表に、五輪出場は史上初「不公平」と物議も」『BBC NEWS JAPAN』二〇二一年六月二一日配信 https://www.bbc.com/japanese/57550038
・朝日新聞SDGs ACTION!「ＳＯＧＩとは?意味やＬＧＢＴとの違い、ＳＯＧＩハラへの対策を解説」『朝日新聞デジタル』二〇二三年一月二三日更新 https://www.asahi.com/sdgs/article/14813603

本書は、雑誌サイゾーの連載「体育会系LGBTQ」（二〇二一年四月～二〇二二年八月）に大幅な加筆・修正・再編を行い、第9話と対談を書き下ろしたものです。

田澤健一郎　たざわ・けんいちろう

編集者・ライター。1975年、山形県生まれ。鶴商学園（現・鶴岡東）高校で三塁コーチやブルペン捕手を務めた元球児。出版社勤務を経てフリーランスに。野球をはじめスポーツの分野を中心に活動。著書に『あと一歩！ 逃し続けた甲子園』『104度目の正直 甲子園優勝旗はいかにして白河の関を越えたか』（共にKADOKAWA）、共著に『永遠の一球 甲子園優勝投手のその後』（河出書房新社）、『甲子園 歴史を変えた9試合』（小学館）。

岡田桂　おかだ・けい

立命館大学産業社会学部教授。1972年、東京都生まれ。筑波大学大学院博士課程人間総合科学研究科中退。専門はスポーツ社会学、ジェンダー／セクシュアリティ研究。共著に『スポーツとLGBTQ+ シスジェンダー男性優位文化の周縁』（晃洋書房）、『ポストヒューマン・スタディーズへの招待』（堀之内出版）、『スポーツの近現代 その診断と批判』（ナカニシヤ出版）。

わたしたち、体育会系《たいいくかいけい》LGBTQです

9人のアスリートが告白《こくはく》する「恋《こい》」と「勝負《しょうぶ》」と「生《い》きづらさ」

2024年7月10日　第1刷発行

著　者　田澤《たざわ》 健一郎《けんいちろう》
監　修　岡田《おかだ》 桂《けい》
発行者　岩瀬 朗
発行所　株式会社 集英社インターナショナル
　　　　〒101-0064 東京都千代田区神田猿楽町1-5-18
　　　　電話　03-5211-2632
発売所　株式会社 集英社
　　　　〒101-8050 東京都千代田区一ツ橋2-5-10
　　　　電話　03-3230-6080（読者係）
　　　　　　　03-3230-6393（販売部）書店専用
印刷所　大日本印刷株式会社
製本所　株式会社ブックアート

ISBN978-4-7976-7449-1 C0036